W0332211

EGREGOR - Tome 2

Originally published in France in (2019) by IDP

www.meian.fr

STAFF

Scénario : Jay Skwar

Dessin : Kim Jae Hwan

Supervision et Coordination : René Park

Dépot légal : Mars 2019
ISBN 978-2-36877-866-1

Imprimé par GZ Digital Media as

Bonjour à tous, C'est Foa !

Nous, personnages de ce récit, existons à partir des idées originales et des habiles touches de nos créateurs, les « auteurs ». Nous sommes donc les enfants qui naissent de la symbiose entre le scénariste et le dessinateur. Alors, nous grandissons physiquement, mentalement et émotionnellement au sein d'une histoire que l'on appelle la « série » et qui se concrétise, par le soin des professionnels que sont les « éditeurs », sous forme de livre, l'« album ».

Chacun de nos gestes, qu'il soit anodin ou impulsif, chacune de nos pensées, qu'elle soit intime ou banale, sont révélés à toi qui lis ces lignes. Ainsi, nos vies n'ont guère plus de secrets pour les lecteurs. Qu'ils nous adorent, nous détestent, rient ou pleurent avec nous, ils nous suivent pas à pas, nous voient mûrir et évoluer au fil des pages de notre histoire…

Mais malgré tout, une idée toute personnelle a germé en moi… Et s'il m'était possible, finalement, d'exister au-delà de l'histoire que les auteurs ont tracée pour moi ? Plus qu'une idée, en fait, il s'agit surtout d'un désir d'aller directement à votre rencontre, à vous, lecteurs, pour vous présenter en quelque sorte les « coulisses » de ma vie.
J'ai donc décidé de tenir un journal pour vous confier ce que mes auteurs n'ont et n'auront pas eu le temps de vous décrire dans l'intrigue principale.

Vous pouvez considérer ça comme une invitation à plonger au cœur de mon intériorité et à découvrir certaines choses dont les auteurs, eux-mêmes, n'ont pas conscience…

Le Journal de Foa

Sur le site www.meian.fr (rubrique « Egregor »)
Sur la page Facebook @EgregorMeian

SCÉNARIO
JAY SKWAR
DESSIN
KIM JAE HWAN
EGREGOR
Le Souffle de la Foi
3

EGREGOR

Le Souffle de la Foi

Egregor Tome 2 / Fin

ZZT
Chuuuut...
!!!

Quel regard... Sans surprise, il y a quelque chose à exploiter chez lui...
CONNAIS-TU SEULEMENT LE VRAI VISAGE DE CES « *MONSTRES* » QUE TU PRÉTENDS HAÏR ?
JE LES HAIS !!!
GNNN
LEUR VRAI VISAGE ? NON, J'IGNORE QUI ILS SONT RÉELLEMENT, MAIS J'ESPÈRE QU'UN JOUR, JE...
어리둥절
HEU...

C'EST UNE QUESTION DE FAIBLESSE.
SI CEUX QUI T'ENTOURENT FINISSENT PAR MOURIR, CE N'EST PAS UNE QUESTION DE FATALITÉ, PILIN...
CES MONSTRES, ILS M'ONT TOUT PRIS... MON PÈRE, ET AVANT LUI, MA...

ELLE NE BAISSAIT JAMAIS LES BRAS ET RESTAIT TOUJOURS SOURIANTE, PEU IMPORTE LES ÉPREUVES AUXQUELLES ELLE ÉTAIT CONFRONTÉE... À CÔTÉ D'ELLE, JE NE SUIS QU'UN...
... FAIBLE ?
VOUS N'ALLEZ QUAND MÊME PAS VOUS Y METTRE, VOUS AUSSI...
Alors, il digère pas son triste sort et il veut prouver qu'c'est pas un faible ?

SHH
SHH
SHH
PROFESSEUR FLETCH...
C'EST LA PREMIÈRE FOIS QUE JE TE VOIS VERSER UNE LARME ALORS QUE TU NE DÉCOCHES PAS DE FLÈCHE.
SHH
SHH
SHH
ELLE AVAIT TOUTE LA VIE DEVANT ELLE, ELLE QUI SE BATTAIT POUR SURVIVRE APRÈS LA MOISSON DANS SON VILLAGE...

Papa... Quelle est cette force en moi ? Elle se manifeste sans que je ne sache comment...
화르르
FRRRRR
Peng...
터벅
TAP
터벅
TAP
Tu me disais sans cesse de prendre le temps d'aiguiser ma perception...
FLIP
FLIP
C'est à cause de moi qu'elle est morte !
Si j'avais vraiment compris ce que tu voulais dire par là, alors Branta n'aurait pas eu à sacrifier sa vie...

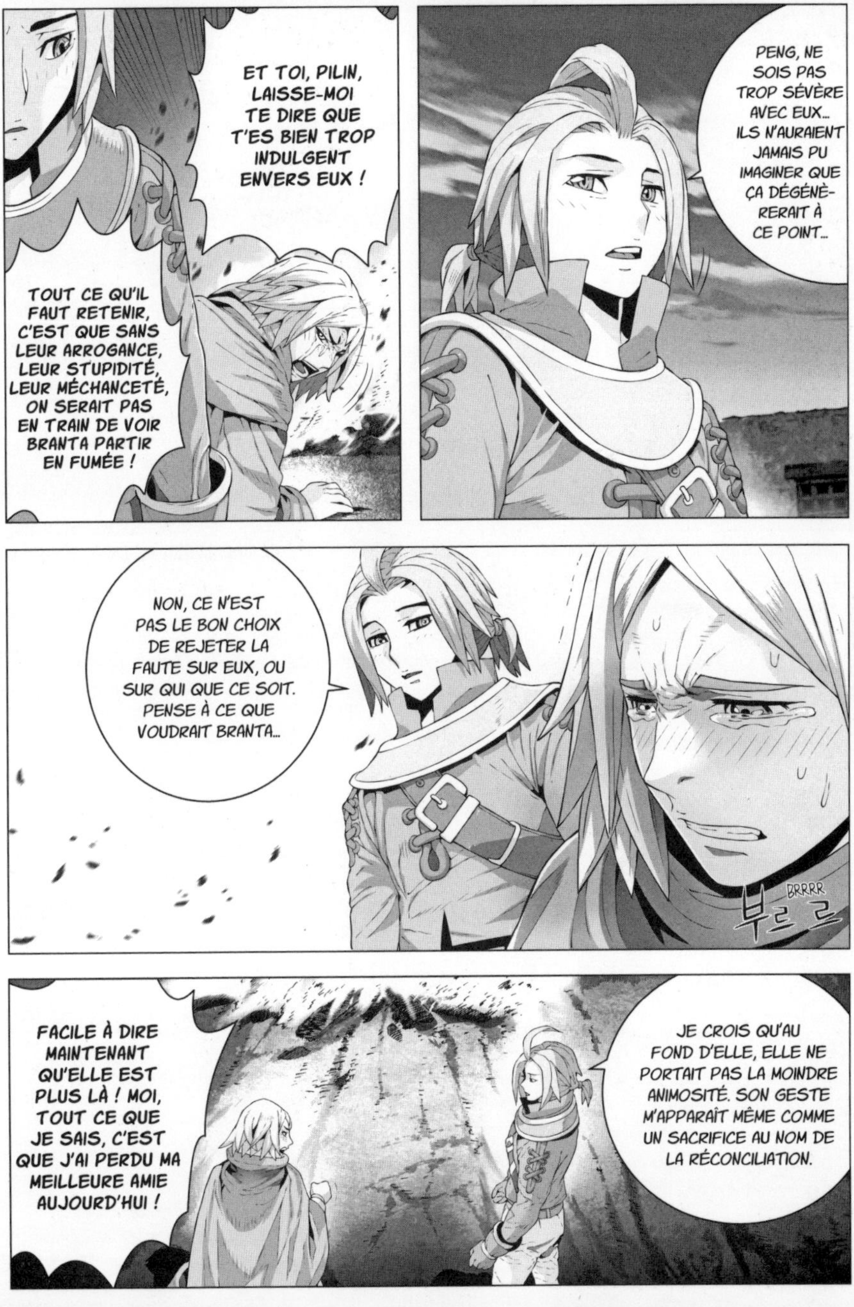
ET TOI, PILIN, LAISSE-MOI TE DIRE QUE T'ES BIEN TROP INDULGENT ENVERS EUX !
TOUT CE QU'IL FAUT RETENIR, C'EST QUE SANS LEUR ARROGANCE, LEUR STUPIDITÉ, LEUR MÉCHANCETÉ, ON SERAIT PAS EN TRAIN DE VOIR BRANTA PARTIR EN FUMÉE !
PENG, NE SOIS PAS TROP SÉVÈRE AVEC EUX... ILS N'AURAIENT JAMAIS PU IMAGINER QUE ÇA DÉGÉNÈRERAIT À CE POINT...
NON, CE N'EST PAS LE BON CHOIX DE REJETER LA FAUTE SUR EUX, OU SUR QUI QUE CE SOIT. PENSE À CE QUE VOUDRAIT BRANTA...
BRRRR
부르르
FACILE À DIRE MAINTENANT QU'ELLE EST PLUS LÀ ! MOI, TOUT CE QUE JE SAIS, C'EST QUE J'AI PERDU MA MEILLEURE AMIE AUJOURD'HUI !
JE CROIS QU'AU FOND D'ELLE, ELLE NE PORTAIT PAS LA MOINDRE ANIMOSITÉ. SON GESTE M'APPARAÎT MÊME COMME UN SACRIFICE AU NOM DE LA RÉCONCILIATION.

QU'EST-CE QUE VOUS FICHEZ, TOUS LES DEUX ?! IL VOUS A GENTIMENT DEMANDÉ DE VOUS « BARRER » !!
VOUS N'AVEZ PAS BESOIN DE VOUS EXCUSER… PERSONNE N'EST VRAIMENT RESPONSABLE…
V-VRAIMENT ? MERCI, PILIN, MAIS ON PEUT PAS S'EMPÊCHER DE PENSER QUE…
C'EST VRAI… SI ON Y RÉFLÉCHIT BIEN, QU'ON SOIT LÀ OU PAS, CET AIGLE GÉANT AURAIT ATTAQUÉ…
NON MAIS ÇA VA PAS LA TÊTE ?! ON N'Y EST POUR RIEN, C'EST UN MAUVAIS COUP DU SORT, C'EST TOUT !
PHARETRA, POURQUOI TU N'ADMETS TOUT SIMPLEMENT PAS QUE SI NOUS N'AVIONS PAS ÉTÉ LÀ, ALORS BRANTA NE-
CE SONT DES CAS DÉSESPÉRÉS ! ILS SONT INCAPABLES DE REGARDER LA RÉALITÉ EN FACE ET DE SE RENDRE À L'ÉVIDENCE !
PSHHH

PHARETRA, IL FAUT RECONNAÎTRE QUE...
LAISSE TOMBER... VIENS, BOGEN...
HÉ, J'ESPÈRE QUE VOUS NE M'INCLUEZ PAS DANS CE « NOUS » ! SI J'AI ENVIE DE M'EXCUSER, JE LE FAIS MOI-MÊME !
C'EST ÇA, BARREZ-VOUS, BANDE DE LÂCHES !! C'EST TOUT CE QUE VOUS SAVEZ FAIRE !! DE TOUTE FAÇON, BRANTA NON PLUS VOUDRAIT PAS DE VOS EXCUSES !! MAIS TÂCHEZ DE JAMAIS OUBLIER À CAUSE DE QUI ELLE EST MORTE !!
PENG, JE COMPRENDS TES SENTIMENTS, MAIS ESSAYONS DE LAISSER BRANTA PARTIR EN PAIX...

FRR
FRR
AINSI LE TRAQUEUR FAIT FACE À L'ÉTERNITÉ.
POURQUOI TOI !!!
SNIF
SNIF
SNIF
P-PENG, PILIN... NOUS SOMMES DÉSOLÉS...
FRR
FRR

SES SENS AIGUISÉS, JAMAIS NE S'ÉMOUSSENT.
SES FLÈCHES ACÉRÉES, TOUJOURS FONT MOUCHE.
B-B-BRANTA...
AU-DELÀ DU TRÉPAS, IL RESTE À L'AFFÛT.

AAAAAAAAAH !!!
푸하하
SPLASH
꾸르르
BLOP
BLOP
Est-ce que ça va, Raust ?
BRRRR
우우

RAAAAAAAAH !!!
TAP
탁
탁
TAP
팟
TAP
!!!
AAAAAH...

척
TAP
VALONIA, ELLE...
...
BRRRR
부르르
ZZT

VALONIA, NON, JE T'EN SUPPLIE...
SRRR
!!!
?!
KALINA !! VALONIA !!
T'ES SÛR QUE LES PLEURS VENAIENT DE LÀ ?

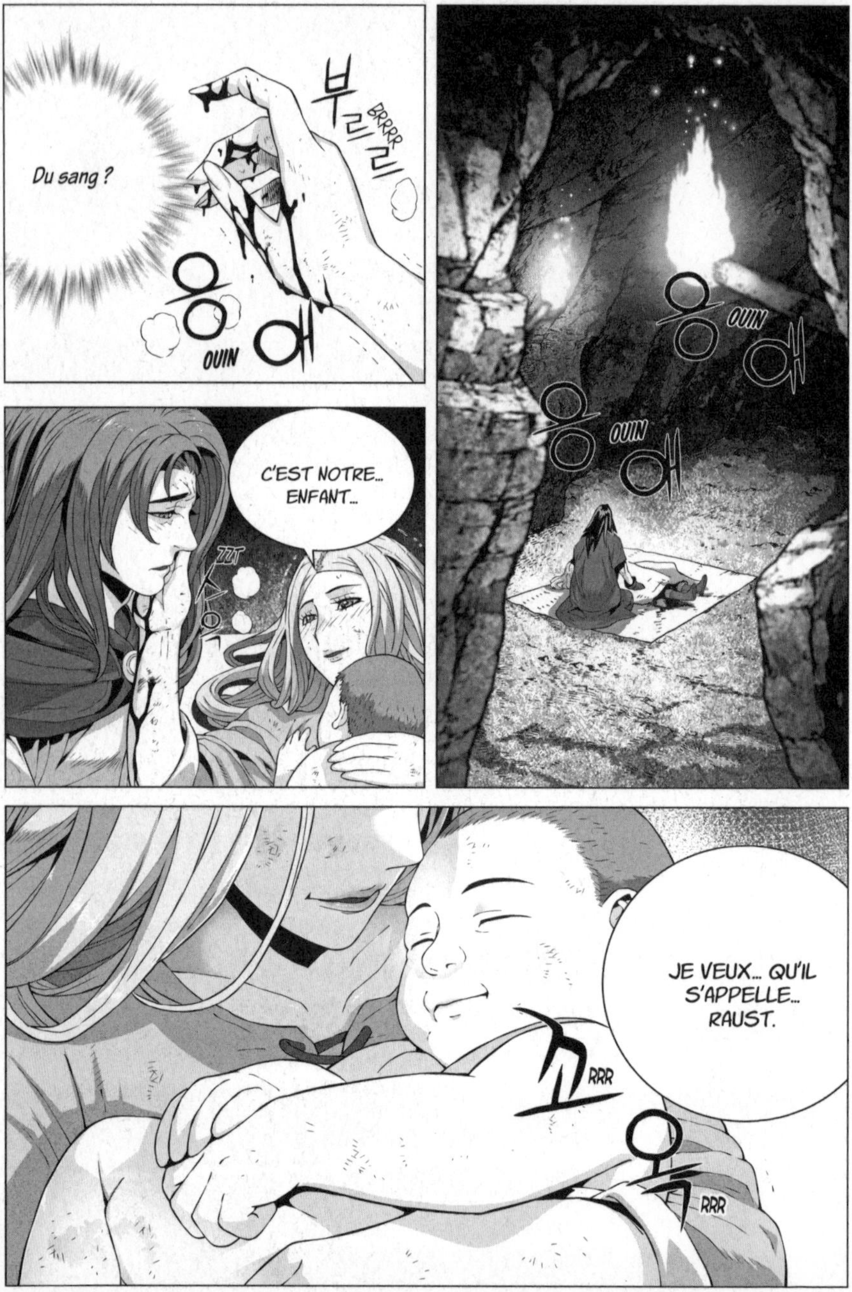
부르르
BRRRR
Du sang ?
응애
OUIN
C'EST NOTRE... ENFANT...
응애
OUIN
응애
OUIN
JE VEUX... QU'IL S'APPELLE... RAUST.
꼬옥
RRR
RRR

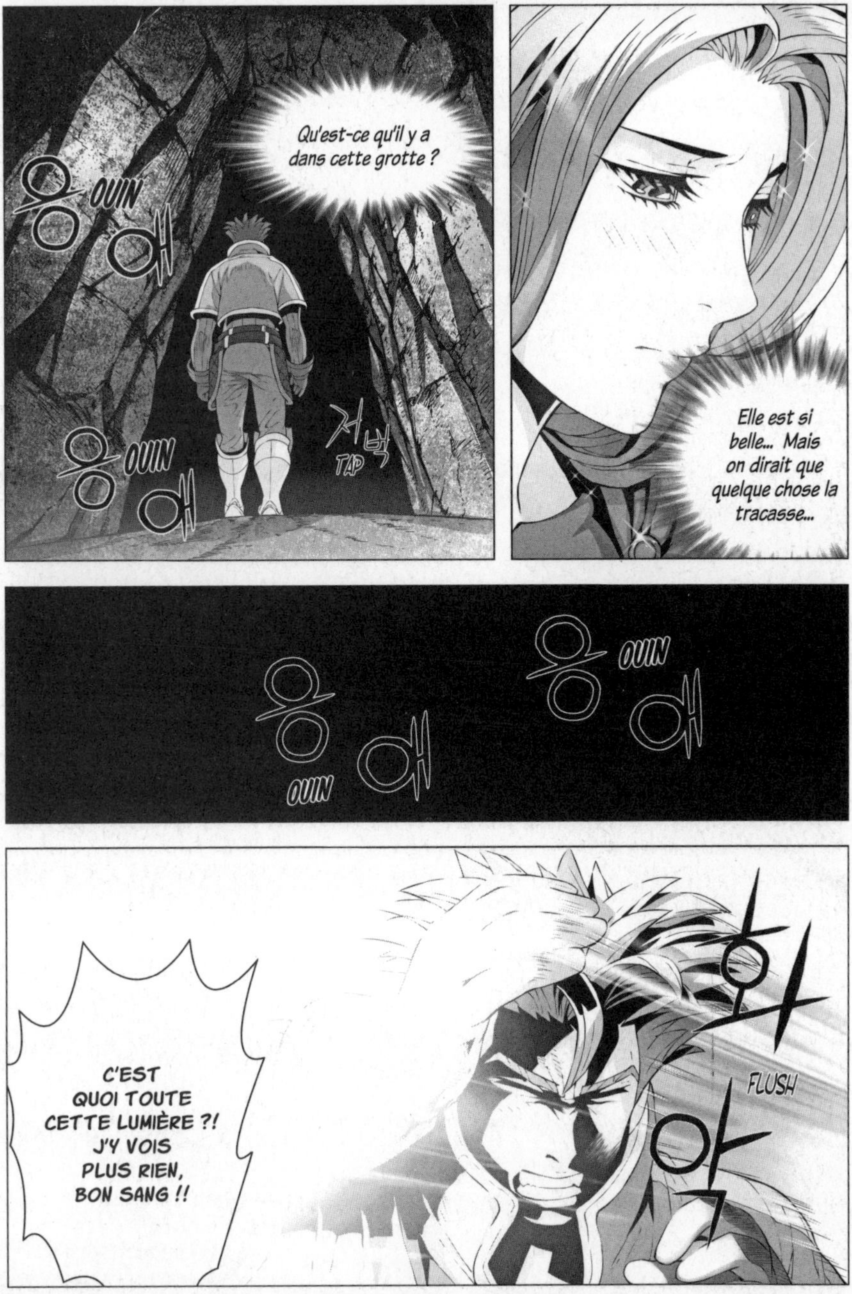
Qu'est-ce qu'il y a dans cette grotte ?
응애
OUIN
응애
OUIN
저벅
TAP
Elle est si belle... Mais on dirait que quelque chose la tracasse...
응애
OUIN
응애
OUIN
C'EST QUOI TOUTE CETTE LUMIÈRE ?! J'Y VOIS PLUS RIEN, BON SANG !!
화악
FLUSH

Qu'est-ce qui se passe ?! Tout s'obscurcit...
FLASH
OUIN
OUIN
Des pleurs ? On dirait ceux d'un bébé... Celui que tenait Bracon ?
PSHHH
Une femme ?
Je la reconnais, c'est Tante Kalina !!
FLIP
FLIP
PSHH

부르 르
BRRR RR
Qu'est-ce qu'il fait avec ce bébé ?!
FLUSH
ATTENDS, BRACON !!
Bracon et Oncle Roble ?! Ils sont plus jeunes...
NE M'EN EMPÊCHE PAS, ROBLE !!
TAP
NE FAIS PAS ÇA !!

두리번
HWIT
NON MAIS JE RÊVE OU QUOI ?! C'EST LIGHTWOOD ! COMMENT C'EST POSSIBLE ?!
ZZT
IL Y A QUELQU'UN PRÈS DE LA RIVIÈRE, ON DIRAIT...

꿀꺽
GLOUPS
ME FAIS PAS REGRETTER DE M'ÊTRE FIÉ À TOI, HARPIE...
부글
BLOP
부글
BLOP
부그르르
BLOP BLOP
푸읍
HMPF
첨벙
PLOUF

KRRR
DE CETTE MANIÈRE, TU POURRAS ACCÉDER AU « FOYER » DE TON ÂME, LA PIERRE ANGULAIRE DE CHACUNE DE TES ÉMOTIONS.
ÇA ALORS, ON DIRAIT QUE JE SUIS PARVENUE À CAPTER TON ATTENTION ! BIEN ÉVIDEMMENT, IL NE S'AGIT PAS RÉELLEMENT DE TE NOYER, MAIS PLUTÔT DE POUSSER TA FRÉQUENCE CARDIAQUE LE PLUS LOIN POSSIBLE.
...
EH BIEN, QU'EN DIS-TU ?
JE COMPRENDS RIEN À TON CHARABIA, MAIS JE VAIS LE FAIRE...

QU'EST-CE QUE TU RACONTES, HARPIE ?!
POUR TE NOYER.
PFF...
J'AURAIS DÛ M'EN DOUTER... DEPUIS LE DÉBUT, TA SEULE INTENTION ÉTAIT DE ME TUER !
DÉCIDÉMENT, C'EST PLUS FORT QUE TOI, TU NE PEUX PAS T'EMPÊCHER D'ÊTRE IMPULSIF... MAIS CETTE FOIS-CI, LAISSE-MOI FINIR AVANT DE SORTIR DE TES GONDS...

C'EST BIEN BEAU TOUT ÇA, MAIS AU FINAL, PAR QUEL MOYEN CONCRET JE POURRAIS MAÎTRISER MES CAPACITÉS ?!
KRRRRRRR
POUR QUI A LE POTENTIEL ADÉQUAT, LA FRÉQUENCE CARDIAQUE DÉTERMINE L'INTENSITÉ DE L'ÂME.
AINSI, POUR MAÎTRISER TOUTES LES FACETTES DE SON ÂME SANS SE LAISSER SUBMERGER PAR LES FLAMMES, IL FAUT RÉGULER SA FRÉQUENCE CARDIAQUE. POUR CE FAIRE, LA MÉTHODE CLASSIQUE EST DE SIMULER UNE ÉMOTION FORTE.
Simuler une émotion forte...
NE TE POSE PAS DE QUESTIONS ET VA IMMERGER TA TÊTE DANS LA FONTAINE DE LAVE.
POUR QUOI FAIRE ?!

COMME TU LE SAIS DÉJÀ, EN TEMPS NORMAL, LE SANG EST FROID.
KRRRRRRR
MAIS LORSQUE L'ÂME S'ÉVEILLE, IL DEVIENT AUSSI BRÛLANT QUE DE LA LAVE.
L'ÂME EST LE MOTEUR DES ÉMOTIONS, ALLANT DE LA JOIE À LA TRISTESSE, EN PASSANT PAR LA COLÈRE...
UNE ÉMOTION QUI DOIT T'ÊTRE ASSEZ FAMILIÈRE, JE SUPPOSE...
AINSI, EN DÉPLOYANT SON ÂME, IL EST POSSIBLE DE FAIRE FLAMBER LE SANG, CE QUE TU ES CAPABLE DE FAIRE INSTINCTIVEMENT.

HAAF
SHHH
TZ
TZ
RELÈVE-TOI, BRANTA !!
BRANTA !!!
ÇA SENT LE SAPIN... ON SE CASSE, LES GARS...

CHPAK
CHPAK
CHPAK
PTZTZ
PTZTZ
PTZTZ
BA
DA
BOUM
D-DES ÉCLAIRS JAUNES ? C'EST PAS POSSIBLE...

FWWT
DOOM
SHHHHH
SHH
KHEEEEK
PACK

GNNN
ZWIIIP
TZTZ
TZTZTZ

TAP
HEIN ?!
BAM
SCHHH
PAAK
BRANTA !!!

FWIIIII
FWIIIII
FWIIIII
MAUVAISE RÉPONSE !
KYIÉÉÉÉ
ATTENTION !!!
HWIIT

확 FWIIIII
!!
FWIIIII 악
L'HÁBRÓK ! IL EST EN TRAIN DE...
푸드득 FLAP FLAP
지이익 ZWIIIP
ALORS, IL DIGÈRE PAS SON TRISTE SORT ET IL VEUT PROUVER QU'C'EST PAS UN FAIBLE ?

VOUS VOUS CROYEZ TOUT PERMIS PARCE QUE VOUS ÊTES DES VOLONTAIRES, MAIS EN RÉALITÉ, VOUS ÊTES DES BONS À RIEN !
PARLE AUTREMENT À PHARETRA, P'TIT CON !
ÇA FAIT UNE TROTTE QU'ON LE PISTE, IL EST À NOUS !
PARCE QUE TU T'IMAGINES QUE LES MOTS QUI SORTENT DE LA BOUCHE D'UNE VICTIME VONT NOUS ATTEINDRE ?!
TIENS, TIENS, LE P'TIT NOUVEAU PREND DES GRANDS AIRS, À C'QUE J'VOIS !
TAP

TAP TAP TAP TAP
다 다 다 다
DU VENT, BANDE DE NAZES !
LAISSEZ FAIRE LES PROS !
VOUS AVEZ RIEN À FAIRE LÀ, VOUS ! C'EST NOTRE PROIE, PAS LA VÔTRE !
TAP TAP TAP

Quoi ?! Il a arrêté ma flèche en plein vol ?!
CRAC
FWWT
POK
PSHH
FLAP
PSHH
HWIT

C'EST PAS VRAI, IL ESQUIVE NOS FLÈCHES !
ZZT
FLAP FLAP
PSHH
PSHH
Ta rapidité ne suffira pas face à mon « regard perçant » !
TWING
HMM
FWWWT

On dirait qu'il veut nous piquer notre gibier, l'enfoiré...
TA
Un Hábrók ?! C'est la première fois que j'en vois un d'aussi près !
DANG
FWT
KYIIIIIAHH

C'EST TOI QUI AS FAIT TOUT LE TRAVAIL, PILIN !
CROYEZ-MOI, SANS VOUS, ÇA N'AURAIT PAS ÉTÉ POSSIBLE !
SHH
SHH
SHH
VISEZ UN PEU CETTE MAGNIFIQUE BÊTE !!
TOUT LE MONDE VA NOUS ACCLAMER EN NOUS VOYANT REVENIR AVEC ÇA !
TU L'AS DIT ! ET LÀ, MÊME CES ENFOIRÉS DE VOLONTAIRES VONT DEVOIR S'INCLINER FACE À NOTRE EXPLOIT !
KYIIIIII

퍼억
SHHPACK
텅
TLING
털썩
BADAM
와아
WAAH

TAP
TAP
TCHAC
TCHAC
Mince, c'était pas censé se passer comme ça !
BORDEL, NOS TIRS SONT TROP FAIBLES ! IL VA NOUS ÉCHAPPER !
TZ
TZ
PSHH
PSHH
PSHH
HOUUU
TAP
TAP
TAP

팡
TWING
지이익
ZWIIIIIIIP
깜짝
REUUM
쌔애액
FWWWT

CHAC

FAUT DIRE QU'ENTRE NOUS, J'ME SUIS PAS HABITUÉE À EMPLOYER CE MOT, HEIN !
ON DIT DU « *FLAIR* », BRANTA, PAS DU « *FLORE* »...
TA
DANG
OUAIS, BRAVO ! T'AS VRAIMENT DU FLORE !
WOW, C'EST UN SACRÉ BESTIAU ! ENCORE UNE FOIS, BIEN JOUÉ, PILIN !
JE PROPOSE QU'ON SE SÉPARE POUR LE CERNER ET MULTIPLIER NOS CHANCES DE LE NEUTRALISER.
POURQUOI ON RESTERAIT PAS ENSEMBLE POUR CONCENTRER TOUS NOS TIRS SUR LUI ?
EH BEN, TU N'AS DE CESSE DE M'ÉPATER ! BON, MOI JE ME PLACE À SA GAUCHE ET TOI À SA DROITE, BRANTA !
ÇA MARCHE, ON FAIT COMME ÇA !
Si on reste tous du même côté et qu'on manque nos tirs, il fuira aisément dans une direction opposée à la nôtre...
POF
POF
OR, SI ON SE POSITIONNE PRÉALABLEMENT DE TELLE SORTE QUE NOS TIRS VIENNENT DE TROIS DIRECTIONS, SES CHANCES DE FUITE EN SERONT RÉDUITES.
PWWT
PWWT

T'AS VU QUELQUE CHOSE ?
CHUT
HMM
LÀ, DANS LA NEIGE, CE SONT DES EMPREINTES DE CERVIDÉ...
DANS CES RÉGIONS, IL N'Y A QUE LES RENNES QUI PEUVENT LAISSER DE TELLES EMPREINTES...
EFFECTIVEMENT ! J'AI PARLÉ UN PEU VITE, C'EST NOTRE JOUR DE CHANCE, ON DIRAIT !
CHAC

Sleetwood
FWWWIIIIIIIIIII
ZZT
LE PROFESSEUR FLETCH N'A PAS CHOISI LE JOUR LE PLUS CLÉMENT POUR NOUS FAIRE CHASSER...
QU'EST-CE QU'ON SE LES GÈLE... ÇA M'AVAIT PAS MANQUÉ...
HAF
HAF
AU LIEU DE RÂLER, ON FERAIT BIEN DE PRENDRE EXEMPLE SUR PILIN... IL EST APPLIQUÉ EN TOUTES CIRCONSTANCES !
HOOOO

TENDEZ...
FWWT
FWWT
FWWT
DÉCOCHEZ !
CHATCK
T'AS VU ÇA, PILIN ! ÇA Y EST, J'Y ARRIVE GRÂCE À TES PRÉCIEUX CONSEILS !
À CE TRAIN-LÀ, ELLE VA FINIR PAR TE RATTRAPER ! HÉ, HÉ !
BIEN, VOUS ME SEMBLEZ PRÊTS POUR UNE PETITE ESCAPADE DANS LES BOIS.
VOUS N'ÊTES PAS SANS SAVOIR QUE LES « TRAQUEURS » FORMÉS AU SEIN DE L'ÉCOLE DE L'ACUITÉ SONT DES CHASSEURS DE PRIMES : ILS POURCHASSENT LES CRIMINELS DONT LA TÊTE EST MISE À PRIX ET UNE FOIS ÉLIMINÉS, RAPPORTENT LE TROPHÉE. LA TRAQUE D'ANIMAUX APPARAÎT DONC COMME L'EXERCICE IDÉAL.
METTEZ-VOUS EN ÉQUIPE ET ALLEZ CHASSER LE GIBIER. TÂCHEZ DE NE PAS RENTRER BREDOUILLES ! ET, UN CONSEIL, COUVREZ-VOUS BIEN AVANT D'Y ALLER...
HWW

TOUT VA BIEN, HATAL ? TU PEUX FAIRE UNE PAUSE SI TU LE SOUHAITES...
헉
HAF
헉
HAF
쿵
BOBOM
쿵
BOBOM
쿵
BOBOM
Aurait-il découvert quelque chose dans l'un de ses souvenirs ?
VEUILLEZ M'EXCUSER, MAÎTRE IDHREN. JE DOIS PARTIR, MAIS JE REVIENDRAI.
탁
TAP
탁
TAP
TAK
탁

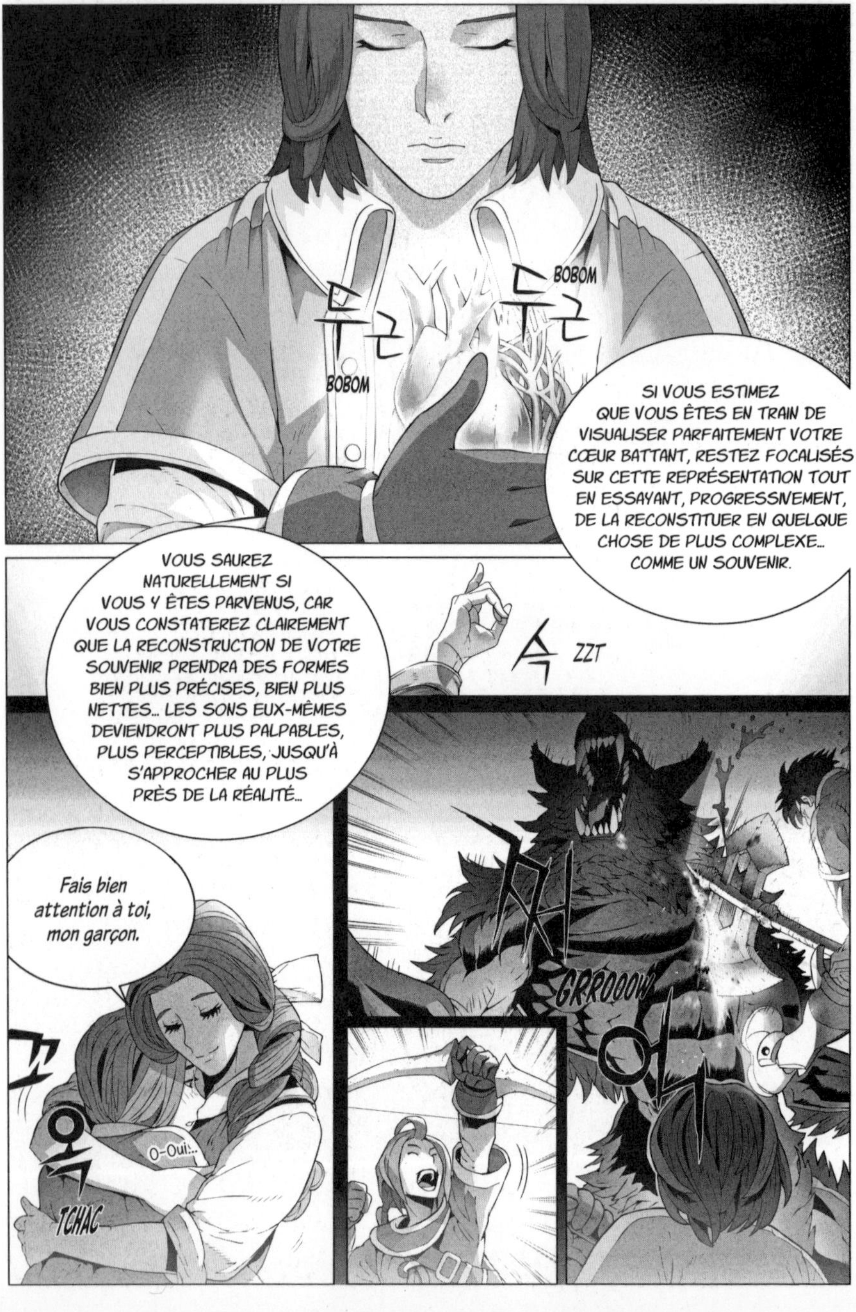

두근
BOBOM
두근
BOBOM
SI VOUS ESTIMEZ QUE VOUS ÊTES EN TRAIN DE VISUALISER PARFAITEMENT VOTRE CŒUR BATTANT, RESTEZ FOCALISÉS SUR CETTE REPRÉSENTATION TOUT EN ESSAYANT, PROGRESSIVEMENT, DE LA RECONSTITUER EN QUELQUE CHOSE DE PLUS COMPLEXE… COMME UN SOUVENIR.
VOUS SAUREZ NATURELLEMENT SI VOUS Y ÊTES PARVENUS, CAR VOUS CONSTATEREZ CLAIREMENT QUE LA RECONSTRUCTION DE VOTRE SOUVENIR PRENDRA DES FORMES BIEN PLUS PRÉCISES, BIEN PLUS NETTES… LES SONS EUX-MÊMES DEVIENDRONT PLUS PALPABLES, PLUS PERCEPTIBLES, JUSQU'À S'APPROCHER AU PLUS PRÈS DE LA RÉALITÉ…
슥
ZZT
Fais bien attention à toi, mon garçon.
O-Oui…
TCHAC
GRROOOW

Il y a tellement de ramifications rien que pour une seule énergie...
C'EST EXACTEMENT ÇA, NOEN. COMMENÇONS DONC PAR LE COMMENCEMENT, SOIT PAR LA PREMIÈRE COMPÉTENCE MENTALE, LA « LIAISON », QUI SE DÉCLINE EN DEUX FONCTIONS : LA LIAISON « CARDIAQUE », QUI AMÉLIORE L'IMAGERIE MENTALE, ET LA LIAISON « PULMONAIRE », QUI AMÉLIORE LA TOLÉRANCE À LA DOULEUR.
BIEN. LA LIAISON CARDIAQUE EST DONC LA PREMIÈRE FONCTION DE LA COMPÉTENCE DE LIAISON. POUR LA MAÎTRISER, IL FAUT QUE VOUS PUISSIEZ TRANSMETTRE L'ÉNERGIE MENTALE DE VOTRE CŒUR JUSQU'À VOTRE CERVEAU.
UNE TECHNIQUE POUR DÉCLENCHER FACILEMENT CETTE FONCTION CONSISTE À POSER UNE MAIN SUR VOTRE CŒUR POUR VOUS APPROPRIER LE RYTHME DE SES PULSATIONS ET LE VISUALISER EN TRAIN DE BATTRE SELON CE MÊME RYTHME. FERMER LES YEUX FACILITE LA TÂCHE.
S'approprier le rythme de ses pulsations... Le visualiser en train de battre selon ce même rythme...
BOBOM
BOBOM

LA DERNIÈRE DE CES COMPÉTENCES, SYSTÉMATIQUEMENT, EST LA FACULTÉ À FAIRE JAILLIR L'ÉNERGIE HORS DE SON CORPS.
FRRR
Trente jours après la Moisson Nocturne
POUR CHAQUE TYPE D'ÉNERGIE, QUE CE SOIT L'ÂME, L'ESPRIT, LA PSYCHÉ OU LE MENTAL, IL Y A TROIS COMPÉTENCES...
Alors c'est possible ?
Des flammes bleues ! Pas mal, grand-père !
C'est bien ce que je pensais... Ça signifierait que j'ai brûlé les étapes, cette nuit-là ?
FRRR
VOICI DONC LA COMPÉTENCE ULTIME DU MENTAL : « L'ÉMANATION MENTALE ». AVEZ-VOUS CONNAISSANCE DES DEUX COMPÉTENCES QUI LA PRÉCÈDENT ?
OUI, CE SONT LA « LIAISON MENTALE » ET L'« ALTÉRATION MENTALE » !
Ça suffit Maen ! Concentre-toi un peu, veux-tu !

Chapitre 8
Le Réveil du Passé

SI VOUS VOULEZ LEUR ÉCRIRE, JE PEUX LEUR ENVOYER VOS LETTRES !
ÇA SE POURRAIT BIEN, MAIS JE ME DEMANDE POURQUOI ILS SERAIENT REPARTIS, DU COUP...
MILLE MERCIS, RECTEUR WARREN !
MONSIEUR LE RECTEUR, MA MÈRE NE SAIT PAS ENCORE CE QU'IL S'EST PASSÉ CETTE NUIT-LÀ ?
POUR SON BIEN, NOUS AVONS PRÉFÉRÉ LA PRÉSERVER DE LA VÉRITÉ... MAIS LORSQUE LE MOMENT SERA VENU, CE SERA À TOI DE LUI APPRENDRE, FOA.

J'AI UNE BONNE NOUVELLE À VOUS ANNONCER.
MONSIEUR LE RECTEUR, VOUS VOULEZ DIRE QUE...
D'APRÈS LES LETTRES QUI M'ONT ÉTÉ ENVOYÉES, PILIN SE TROUVE À L'ÉCOLE DE L'ACUITÉ ET HATAL À LA GUILDE DE L'ARCANE.
FOA, TU N'ES PAS LE SEUL RESCAPÉ DE LIGHTYARD. DEUX AUTRES JEUNES HOMMES DE TON VILLAGE ONT SURVÉCU.
ZZT
Pilin, Hatal... Comment vous avez pu vous en sortir ? Et toi, Raust, est-ce que tu serais encore en vie aussi ?
CETTE NOUVELLE EST FANTASTIQUE, FOA ! CE SONT SÛREMENT EUX QUI T'ONT DÉPOSÉ ICI !

ET VOUS, AU FAIT ? D'APRÈS CE QUE J'AI COMPRIS, VOUS AUSSI ÊTES DES « NON-VOLONTAIRES » ?
EH BIEN, MOI ET PENG, ON VIVAIT DANS UN VILLAGE DU MARQUISAT, ET...
À PRÉSENT QUE JE ME TROUVE ICI, JE NE COMPTE PLUS SUBIR MON DESTIN.
LAISSEZ-MOI DEVINER... UNE MOISSON ?
HMM
ET PAR LA MÊME OCCASION, ON PROUVERA À TOUS CES FICHUS « VOLONTAIRES » QU'ON N'A RIEN À LEUR ENVIER !
NOUS ALLONS DEVENIR PLUS FORTS ET VENGER LES NÔTRES...
Forcément, ça ne peut être qu'eux... Ils sont à l'origine de tant de tragédies...

Vous allez
m'écouter
attentivement.
Je t'aime,
mon fils.

C'EST SÛREMENT PARCE QUE JE ME REMÉMORE UN SOUVENIR PARTICULIER AU MOMENT DE DÉCOCHER...
ÇA N'EST PAS INDISCRET. À VRAI DIRE, JE NE CHERCHAIS PAS VRAIMENT À M'EN CACHER.
WOW, C'EST POÉTIQUE... ON PEUT DIRE QUE CE SOUVENIR TE DONNE DE LA FORCE ?
PEUT-ÊTRE... MAIS CE QUI EST SÛR, C'EST QUE CE SOUVENIR ME LIE ENCORE AU PASSÉ...
C'ÉTAIT LA PREMIÈRE FOIS QUE MON PÈRE M'EMMENAIT À LA CHASSE.

TOC
똑
똑
TOC
PILIN, TU DORS ?
부엉
HOU
부엉
HOU
NON, VOUS POUVEZ ENTRER, BRANTA, PENG.
P-PARDON, SI C'EST TROP INDISCRET, TU N'AS PAS À ME RÉPONDRE, BIEN SÛR…
EUH, DIS, PILIN… POURQUOI QUAND TU TIRES À L'ARC, UNE LARME COULE TOUJOURS DE TON ŒIL ?
C'ÉTAIT ÇA, TA SOI-DISANT « QUESTION IMPORTANTE », BRANTA ? ELLE EST GONFLÉE !

Tu crois que je n'en ai pas conscience ?!
Pour établir une relation de confiance.
ALORS C'EST RATÉ, CAR JE VOUS HAIS ENCORE PLUS !! VOUS COMMETTEZ DES ATROCITÉS MÊME AU-DELÀ DE LA MORT !!
Fiou... Bon, écoute, Raust...
부르르
BRRRR
Si tu espères pouvoir te venger un jour, tu dois absolument parvenir à surmonter ta colère, et pour ce faire, je dois t'apprendre à maîtriser ton Âme. Après ça, tu seras libre d'entreprendre tout ce que tu désires...
... même de me tuer.
...

BRRRR
Depuis la fondation du Rempart, les Faucilles éprouvent des difficultés face aux Égides et bon nombre d'entre elles se font éliminer lors des Moissons.
Pour pallier aux lourdes pertes, l'Adoration a trouvé une solution viable sur le long terme : in-fuser du fluide animique dans les cadavres des Égides en bon état afin de les recycler en Faucilles.
RAA-AAH !!
BAM
Calme-toi. T'énerver ne changera rien.
POURQUOI TU M'AS AMENÉ ICI, HARPIE ?!
ALMACE !!!
SPRRR
TAK

LES « FAUCILLES EN GESTATION » ?! ATTENDS, ME DIS PAS QUE VOUS LES CRÉEZ À PARTIR DES VICTIMES DES MOISSONS...
NON...
DANG

TA
MAIS... MAIS...
DAN
!!
C'EST QUOI, CE BORDEL ?!
WOO
WOO
WOO
Ce sont les incubateurs contenant les Faucilles en gestation.

TU M'AS ÉPATÉE, FOA. RIVALISER NE SERAIT-CE QU'UN INSTANT FACE À UN PRESQU'ÉGIDE, ÇA TIENT DE LA PROUESSE !
스윽
ZZT
끄덕
HMM
FOA, FARA... VENEZ DANS MON BUREAU, S'IL VOUS PLAÎT.
J'AI À VOUS PARLER.
OUI, MONSIEUR LE RECTEUR.

EN ATTENDANT, CE « MEILLEUR ATOUT » NE LUI AURA PAS SUFFI, AUJOURD'HUI !
RAISON POUR LAQUELLE J'AI EMPLOYÉ LE FUTUR, IMBÉCILE ! IL FAUT TOUJOURS QUE TU SOIS SI TERRE-À-TERRE !
Elle n'a pas d'implant, comme ma mère... Son Esprit doit être exceptionnel...
CROIS-MOI, TU FERAIS BIEN DE PRENDRE CET AVERTISSEMENT « AU PIED DE LA LETTRE »...
JE CROIS QU'IL FAUDRAIT PLUTÔT DIRE QU'IL PREND TOUJOURS TOUT AU PIED DE LA LETTRE...
RAHH
ET TOI, ARRÊTE DE JOUER SUR LES MOTS !!
ÉLOIGNONS-NOUS D'EUX, MON MIGNON. ILS POLLUENT L'AMBIANCE.

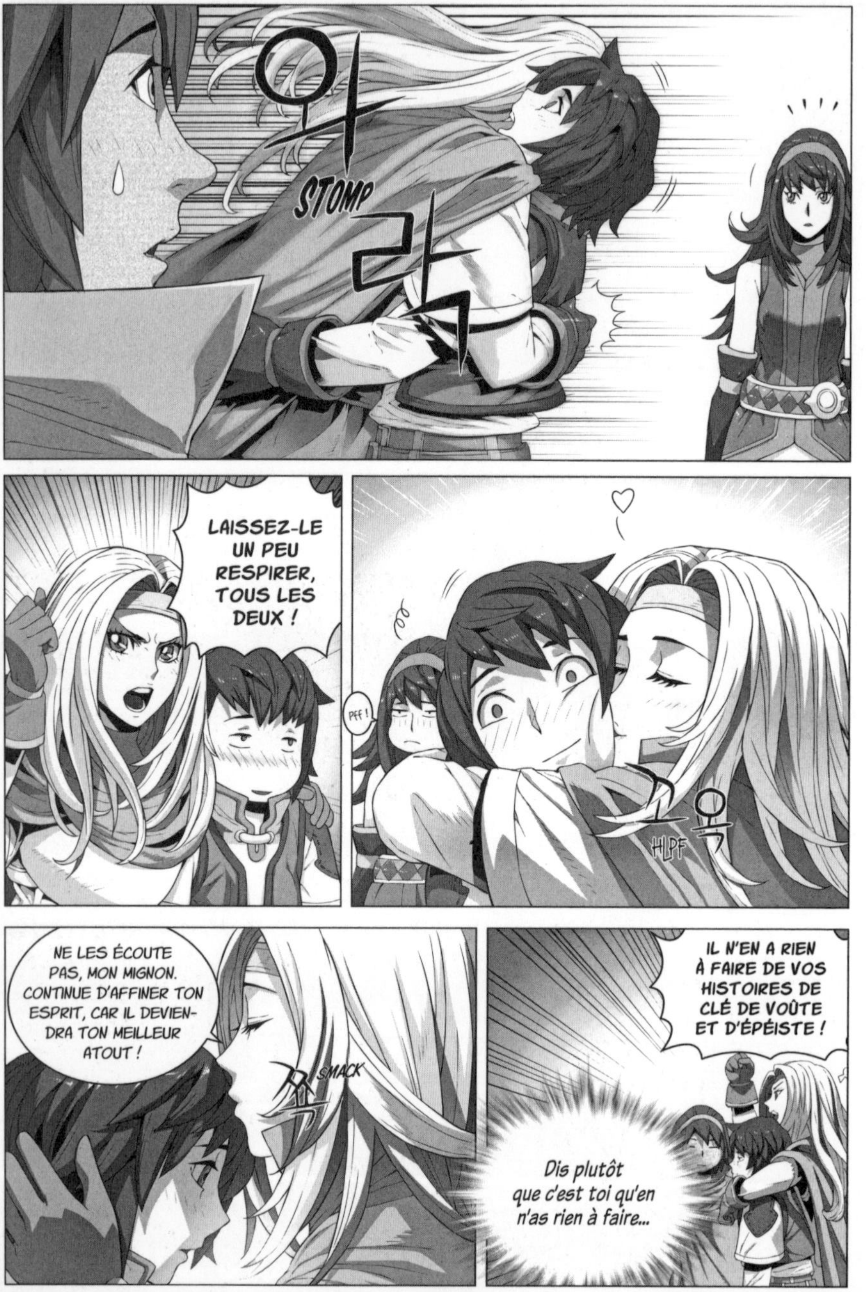
STOMP
LAISSEZ-LE UN PEU RESPIRER, TOUS LES DEUX !
PFF !
HLPF
NE LES ÉCOUTE PAS, MON MIGNON. CONTINUE D'AFFINER TON ESPRIT, CAR IL DEVIEN-DRA TON MEILLEUR ATOUT !
SMACK
IL N'EN A RIEN À FAIRE DE VOS HISTOIRES DE CLÉ DE VOÛTE ET D'ÉPÉISTE !
Dis plutôt que c'est toi qu'en n'as rien à faire...

TOUT PORTE À CROIRE QUE TU ES CAPABLE D'AVOIR DES VISIONS SANS EMPLOYER D'IMPLANT, CONTRAIREMENT À MOI. MAIS MÊME SI LES OUTILS NATURELS DONT JE DISPOSE SONT PLUS LIMITÉS QUE LES TIENS, ILS SONT AFFÛTÉS À LA PERFECTION !
TOUJOURS AUSSI ÉLOQUENT, MORGENSTERN, MALGRÉ TON BALAI DANS LE CUL !
CE QUE KRIS ESSAIE DE TE DIRE, C'EST QUE CE N'EST PAS L'ÉPÉE QUI FAIT L'ÉPÉISTE !
TAP
탁
TAP
탁

LE PAYSAN S'EST FAIT ROSSER COMME UN MALPROPRE ! HA, HA !
MAIS IL SE SERA QUAND MÊME BIEN DÉFENDU !
C'est tellement frustrant... J'ai l'impression qu'il m'a battu deux fois d'affilée...
ZZT

CHAC
CHAC
TONK
TONK
TONK
CHAC
SHHH
CHOP
CHOP
CHOP
Non ! Tout se répète de la même manière ! Je dois–
BADAM

휘릭
ZAZAP
후웅
VOUHH
팍
PSHH
휘창
ARF
턱
BONK

FIT
FIT
FIT
TAP
TCHAC
HAA !!
Trop prévisible...

Je suis en train de répéter les mêmes erreurs... Il faut que je contre-attaque de façon plus ingénieuse !
TAP
On dirait bien que ta vision ne change pas grand-chose !
FSHH
FSHH
VISH

VOUSH
SHH
SHH
Maintenant !
HWIT
YAHH
VOUSH

VISH
VISH
VISH
VOUSH
TONK
TONK
TONK
Cette attaque, je la reconnais !

하아 HAF
하아 HAF
BAH QUOI ?
Non, ça ne peut pas être un hasard... T'as eu une vision, c'est ça, petit enfoiré ? Attends voir...

KRRR
Non, j'y crois pas... J'ai eu une vision d'une telle profondeur ?!
CETTE FOIS, J'AI UNE QUESTION POUR TOI, PETIT GÉNIE. À TES YEUX, QUEL EST LE VÉRITABLE SENS DU COMBAT ?
L'EFFICACITÉ.

LE PAYSAN S'EST FAIT ROSSER COMME UN MALPROPRE ! HA, HA !
MAIS IL SE SERA QUAND MÊME BIEN DÉFENDU !
KYAAA ! QU'EST-CE QU'IL EST CLASSE !
Il m'a totalement dominé, comme la dernière fois...

Si seulement je pouvais prévoir au moins un seul de ses mouvements...
LE COMBAT EST UN EFFET QUI FAVORISE TOUJOURS L'UN DES DEUX ADVERSAIRES ! AINSI, TEL EST SON VÉRITABLE SENS : L'« EFFICACITÉ » !
OH
VOUCH
PA
PAK

LA VENGEANCE N'EST RIEN D'AUTRE QU'UNE CAUSE PARMI UNE INFINITÉ D'AUTRES QUI PEUVENT MENER AU COMBAT… ET UNE « *CAUSE* » NE SAURAIT DÉFINIR UN « *EFFET* » !
SHH
SHH
SHH
TAK
TAK
TAK
Impossible de contre-attaquer dans ces circonstances !
TONK
TONK
TONK
Et plus il gagne en vitesse, plus ses coups sont puissants !

VOUCH
STANK
?!
STANK
STANK
TONK
C'est pas vrai ! Ses coups sont de plus en plus vifs !

ZAP
YAP
Il est exposé ! C'est le moment de riposter !
SHH
SHH
Quoi ?!
TONK
VOUCH
Attends, il peut lire dans mes pensées ou quoi ?!

붕
VOUCH
붕
VOUCH
Je dois absolument garder un œil sur son épée...
TAP
탁
VOUCH
FSH
FSH
FSH
Je devrais pouvoir esquiver un coup aussi ample !

VOUCH
PFT
ZZT
Est-ce que lui aussi peut prévoir les mouvements sans recourir à l'implant ?
Son implant est bien désactivé ! Et pourtant, il anticipe mes mouvements sans difficulté !
HWIT

IL SEMBLERAIT QUE TU T'EMBOURBES UN PEU DANS TES ÉMOTIONS !
PCHT
PCHT
PCHT
HWIT
VIIISH
HMPF

TAK
HA, HA, HA ! J'AI BIEN ENTENDU, T'AS DIT LA « VENGEANCE » ?!
LA VENGEANCE.
CHTONK
WOOSH

TAAK
TON NOM EST SUR TOUTES LES LÈVRES, EN CE MOMENT ! JE SUPPOSE QUE T'AS PROGRESSÉ DEPUIS L'AUTRE JOUR ?
CETTE FOIS, J'AI UNE QUESTION POUR TOI, PETIT GÉNIE. À TES YEUX, QUEL EST LE VÉRITABLE SENS DU COMBAT ?

끼
KRRRRR
끼
끼
탁
T.AK
하
YAAAAAH
압

SCRICH
FRRR
FRRR
TAC
TA
Il abaisse sa garde ?! Je vais lui faire regretter ça !!
TAP
ZZT
ZZT

KRRR
KRRR
KRRR
Si elle peut le faire, pourquoi j'en serais pas capable aussi, après tout ?
BON SANG, J'Y CROIS PAS !
SI ON M'AVAIT DIT UN JOUR QUE J'POUR-RAIS FAIRE ÇA !
KRRRRRRR
SPLAF

화악
FRRRRR
FRRRRR
NON MAIS ÇA VA PAS LA TÊTE ?! C'EST DE LA LAVE, PAS DE LA FLOTTE !
Il en faut peu pour t'effrayer ! Tu n'as qu'à rester là si ça te fait si peur !
촤아아
PLOUF
콰아아
CKRRRRR
KRRRRR
KRRRRR

SHTAP
WOO
WOO
WOO
WOO
TAP
Suis-moi.
?!
ZZT

NOUS VOUS SALUONS, MAÎTRESSE ALKONOST.
펄럭
FLAP
FLAP
Accroche-toi à mes serres.
HEIN ?! POUR QUOI F-
Tu ne vas pas me dire que tu as le vertige après avoir escaladé le volcan comme un forcené, l'autre jour ?
푸드득
FLAP
FLAP
FLAP
바둥바둥
ZASH
ZASH
REPOSE-MOI TOUT DE SUITE, HARPIE !!

땅
CLANG
땅
CLANG
땅
CLANG
PSSHHH
깡
CLONG
휙
HWIT
HWIT
휙

DANG
웅성
BLA
웅성
BLA
웅성
BLA
벌떡
ZWIP

UN JOUR, NOUS Y RETOURNERONS, ET NOUS REBÂTIRONS LIGHTYARD.
...
...
HEIN ?
JE REVIENS DANS UN PETIT INSTANT.
OÙ EST-CE QUE TU VAS, FOA ?
Il veut encore qu'on s'affronte... Mais je me suis amélioré !

HA, HA ! TROP TORDANT, TON JEU DE MOTS, WILDA !
GASP
SAIS-TU AU MOINS CE QU'EST LA « *FOI* », ESPÈCE DE RUSTRE ?
J'SAIS CE QU'EST LE « *FOIE* », LA GUEUSE, ET J'EN CONNAIS UN QUI VA PRENDRE CHER !
EN TOUT CAS, TU M'ÉPATES, FOA ! C'EST PAS DONNÉ À TOUT LE MONDE DE FAIRE MORDRE LA POUSSIÈRE À C'TE DURE À CUIRE !
CHAC
FERME-LA, GAERON, OU J'TE COGNE !
MERCI... POUR ÊTRE FRANC, JE NE PENSAIS PAS AVOIR LE MOINDRE TALENT POUR LE COMBAT IL Y A ENCORE QUELQUES JOURS...
GRRR
RAPPELLE-TOI, FOA, JE T'AVAIS DIT QUE TU AVAIS DU POTENTIEL, QUAND TU NOUS AVAIS ACCOMPAGNÉS À LIGHTWOOD POUR UNE PARTIE DE CHASSE !

MLLE GERULPHUS, VOTRE DÎNER NE VA PAS S'ENVOLER !
하암
AHHH
오물
MIAM
끙
ARF
PFF… C'EST PAS AVEC DES PRÊCHI-PRÊCHA QUE LES ÉGIDES NOUS PROTÈGENT, QUE JE SACHE…

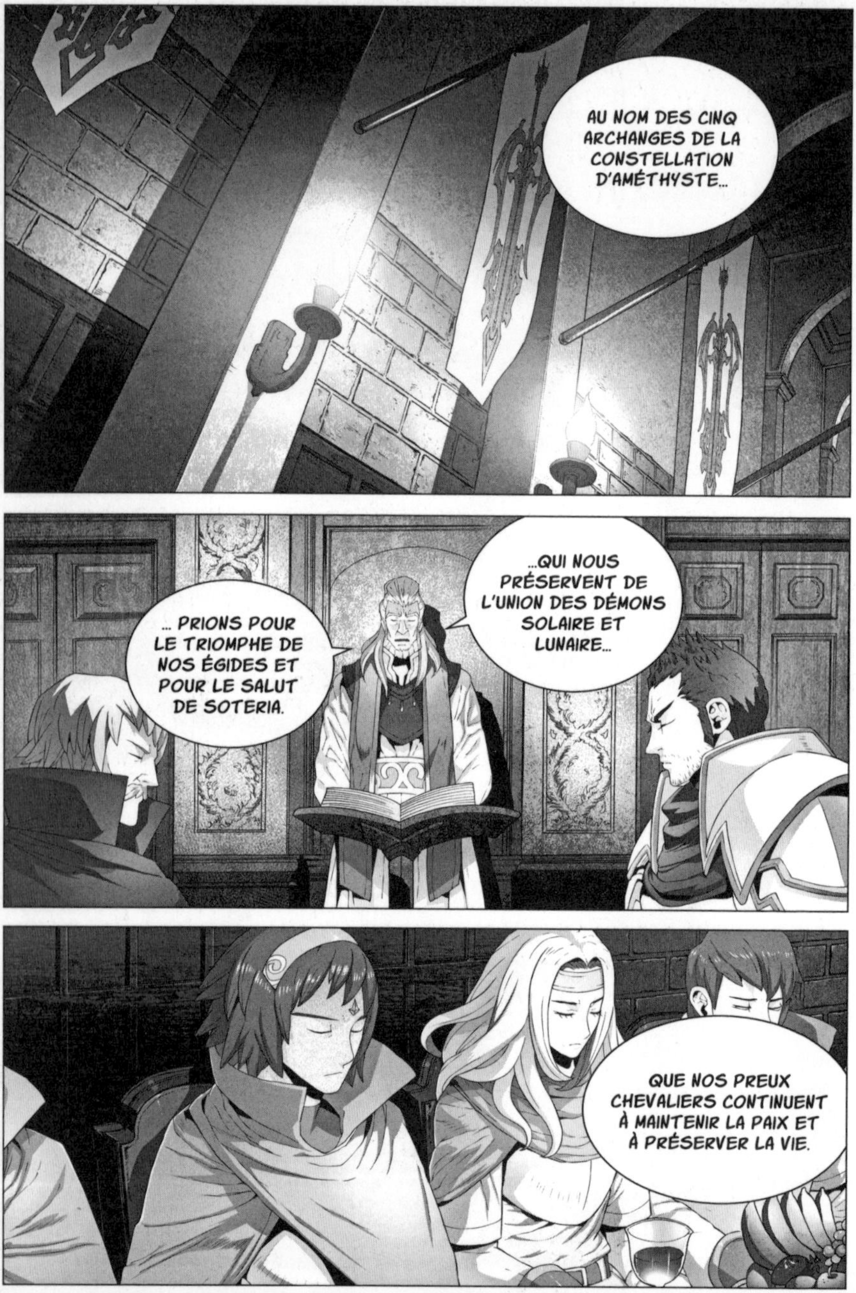
AU NOM DES CINQ ARCHANGES DE LA CONSTELLATION D'AMÉTHYSTE...
...QUI NOUS PRÉSERVENT DE L'UNION DES DÉMONS SOLAIRE ET LUNAIRE...
... PRIONS POUR LE TRIOMPHE DE NOS ÉGIDES ET POUR LE SALUT DE SOTERIA.
QUE NOS PREUX CHEVALIERS CONTINUENT À MAINTENIR LA PAIX ET À PRÉSERVER LA VIE.

Chapitre 7
Le Sens du Combat

FENRIR
ÂGE : ?
TAILLE : 193 CM
POIDS : 115 KG
STATUT : FAUX DE L'ADORATION
ALKONOST
ÂGE : ?
TAILLE : 178 CM
POIDS : 66 KG
STATUT : FAUX DE L'ADORATION
ZABIUS
ÂGE : ?
TAILLE : 159 CM
POIDS : 67 KG
STATUT : FAUX DE L'ADORATION

으아아아
RAHHHHH

Lorsque tu te seras calmé, rends-toi au pied du volcan. Je t'y rejoindrai aussitôt.
POURQUOI TU... ME LAISSES EN VIE ?
부르르
BRRR
RHAAAAA !!!
으드득
GNNN

BONG
SHH
SHH
SHH
IL N'Y A QUE LES MONSTRES DANS TON GENRE QUI OSENT PLACER « SACRIFICE » ET « SALUT DE L'HUMANITÉ » DANS LA MÊME PHRASE !
En attendant, le « monstre » est ton seul moyen de rester en vie actuellement.
PAAAF
BEURK

VOUUUSH
YAAP
SBAM
VOUUUSH

Foa, Hatal, Pilin... Se pourrait-il vraiment que vous soyez en vie, tous les trois ?
Je l'ai amené au Rempart du Salut. Quant à tes deux autres amis, je les ai orientés vers deux écoles spécialisées.
Tu as raison, ça ne change rien aux horreurs que j'ai perpétrées... Mais c'est un sacrifice nécessaire pour le salut de l'humanité.
QUAND BIEN MÊME CE SERAIT VRAI, TU RESTES UNE MEURTRIÈRE PSYCHOPATHE !!

AHHH
C'EST QUOI, CES CONNERIES ?! F–FOA ?!! QU'EST-CE QUE T'AS FAIT DE FOA ?!!

VOUUUSH
Dis-moi... ton cœur, il bat toujours aussi vite ?
BOBOM
BOBOM
ÔTE TA SALE PATTE, OU J'TE-

RAHHH
J'T'AI DIT DE LA FERMER !!
Sans moi, toi et tes amis seriez morts.
FWT
COMME SI J'ALLAIS CROIRE À TES CONNERIES !!
HWIT
SHHHHH

BAM
BAM
BAM
Si tu continues à agir inconsidérément, tu mourras bien avant d'avoir seulement l'ombre d'une chance...
J'VAIS TOUS LES TUER !!
BAM
BAM
HWIT
LA FERME, TOI, OU J'TE BUTE !!

웅성 BLA
웅성 BLA
Regarde, Noen, c'est un « Mental », lui aussi !
C'EST PAS SI SURPRENANT, REGARDE SA COULEUR DE PEAU !
C'EST VRAI, C'EST UN « ÎLIEN »... J'AVAIS MÊME PAS FAIT ATTENTION...

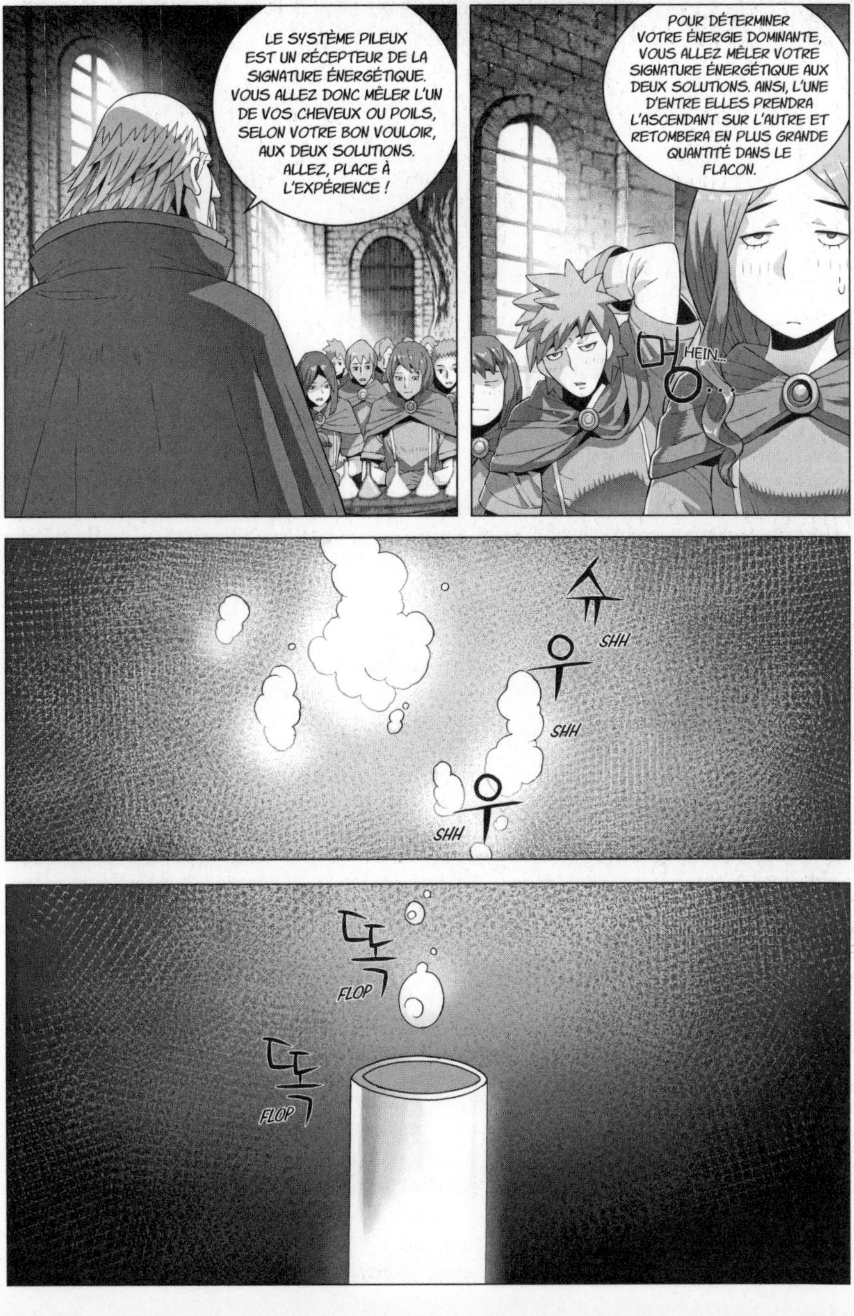
LE SYSTÈME PILEUX EST UN RÉCEPTEUR DE LA SIGNATURE ÉNERGÉTIQUE. VOUS ALLEZ DONC MÊLER L'UN DE VOS CHEVEUX OU POILS, SELON VOTRE BON VOULOIR, AUX DEUX SOLUTIONS. ALLEZ, PLACE À L'EXPÉRIENCE !
POUR DÉTERMINER VOTRE ÉNERGIE DOMINANTE, VOUS ALLEZ MÊLER VOTRE SIGNATURE ÉNERGÉTIQUE AUX DEUX SOLUTIONS. AINSI, L'UNE D'ENTRE ELLES PRENDRA L'ASCENDANT SUR L'AUTRE ET RETOMBERA EN PLUS GRANDE QUANTITÉ DANS LE FLACON.
어...
HEIN...
슈
SHH
우
SHH
우
SHH
또
FLOP
또
FLOP

VOTRE SIGNATURE ÉNERGÉTIQUE IMPLIQUE DONC QUE VOUS AVEZ UNE ÉNERGIE « DOMINANTE » ET UNE ÉNERGIE « RÉCESSIVE ». NOUS ALLONS DÉTERMINER AUJOURD'HUI QUELLE EST VOTRE ÉNERGIE DOMINANTE GRÂCE À UNE EXPÉRIENCE SIMPLE ET EFFICACE.
Je suppose que toutes ces énergies, une fois poussées à leur paroxysme, s'extraient du corps...
CHACUN D'ENTRE NOUS A UNE « SIGNATURE ÉNERGÉTIQUE » QUI DÉFINIT SA PERSONNALITÉ SELON LA DISPARITÉ QUANTITATIVE ENTRE SES CELLULES D'ÂME ET D'ESPRIT.
AUTREMENT DIT, LE NOMBRE DE CELLULES D'ÂME INFLUE SUR L'AFFECT ET LE NOMBRE DE CELLULES D'ESPRIT INFLUE SUR L'INTELLECT.
CHACUN D'ENTRE VOUS VA UTILISER DEUX FIOLES CONTENANT DES SOLUTIONS D'ÉNERGIE ANIMIQUE, LE LIQUIDE ROUGE, ET SPIRITUELLE, LE LIQUIDE BLEU. ELLES SONT INSOLUBLES ET REMPLIES À QUANTITÉ ÉGALE.
VOUS ALLEZ DÉVERSER LE CONTENU DE CES DEUX FIOLES DANS LE CORPS DE VOTRE ALAMBIC, DONT LE FOYER VA RÉCHAUFFER LES FLUIDES QUI VONT S'ÉVAPORER JUSQU'AU CONDENSEUR ET ENFIN RETOMBER DANS UN FLACON VIDE.

Quant aux flammes rouges des Faucheurs, de même que leurs métamorphoses animales, dont celle de Raust, il doit s'agir de l'énergie de l'« Âme »...
Au-delà du seul fait qu'Almace était un Égide, il ne fait aucun doute que les éclairs bleus qu'il générait correspondaient à l'énergie de l'« Esprit »...
Mais du coup, quelle était cette lumière blanche qui irradiait de Foa ? Elle ne s'associe à aucune de ces énergies...
LES COURANTS DE LA PSYCHÉ INFLUENT SUR LE SYSTÈME NERVEUX ET LE SYSTÈME MUSCULAIRE.
QUANT AUX FLAMMES DU MENTAL, ELLES INFLUENT SUR L'APPAREIL CARDIOVASCULAIRE ET L'APPAREIL RESPIRATOIRE.

QUANT AUX FLAMMES ROUGES DE L'ÂME DANS LA PÉRIPHÉRIE DU CŒUR, AU CONTACT DE L'ESPRIT, ELLES SE CONVERTISSENT EN FLAMMES CYANS, LE « MENTAL ».
DE L'ÂME ET DE L'ESPRIT DÉCOULENT DEUX ÉNERGIES DITES « ADVENTIVES » : LES COURANTS BLEUS DE L'ESPRIT DANS LA PÉRIPHÉRIE DU CERVEAU, AU CONTACT DE L'ÂME, SONT CONVERTIS EN COURANTS JAUNES, LA « PSYCHÉ ».
EN DÉFINITIVE, LA PSYCHÉ POSSÈDE LA FORME ÉLECTRIQUE DE L'ESPRIT ET LA PROPRIÉTÉ PASSIONNELLE DE L'ÂME, ALORS QUE LE MENTAL POSSÈDE LA FORME ENFLAMMÉE DE L'ÂME ET LA PROPRIÉTÉ RATIONNELLE DE L'ESPRIT.
J'y vois plus clair... Ça signifie que les courants jaunes qu'a produits Pilin cette nuit-là sont liés à l'énergie de la « Psyché » et que les flammes cyans que j'ai formées s'apparentent à l'énergie du « Mental »...

CE SONT LES DEUX SOURCES D'ÉNERGIE QUI S'ENRACINENT LE PLUS PROFONDÉMENT EN NOUS.
PFF... NOUS, ON SAIT DÉJÀ TOUT ÇA...
OUAIS, ÇA VA ÊTRE REDONDANT...
EN EFFET, IL FAUT SAVOIR QUE CE QU'ON APPELLE « *L'ÉNERGIE* » SE DÉCLINE EN UNE MULTITUDE D'ASPECTS.
IL Y A TOUT D'ABORD LES ÉNERGIES DITES « *SUBSTANTIVES* »...
L'UNE DE CES DEUX ÉNERGIES SUBSTANTIVES EST L'« *ÂME* », ESSENCE DE LA PASSION, DONT LE SIÈGE EST LE CŒUR. CETTE ÉNERGIE EST EMPLOYÉE À DES FINS MALVEILLANTES, – MÊME SI CERTAINS PRÉTENDENT LE CONTRAIRE – PAR LES FAUCHEURS DE L'ADORATION.
ENFIN, LA SECONDE ÉNERGIE SUBSTANTIVE EST L'« *ESPRIT* », ESSENCE DE LA RAISON, DONT LE SIÈGE EST LE CERVEAU. UNE ÉNERGIE À LAQUELLE FONT APPEL LES ÉGIDES EN RECOURANT À UN IMPLANT NEURONAL QUI AMPLIFIE LA FORCE DE LEUR ESPRIT.

우아앙
BLA
우아앙
BLA
탁
BAM
CEUX QUI NE LA CÔTOIENT PAS COMMETTENT L'ERREUR DE LA COMPARER À DE LA MAGIE, VOIRE DE LA SORCEL-LERIE, MAIS CES MÊMES PERSONNES QUI ONT TENDANCE À LA DIABOLISER...
... N'ONT PAS CONSCIENCE QU'ELLES-MÊMES EN PORTENT ET EN DÉPENDENT. L'ÉNERGIE EST UN CONCEPT COMPLEXE, EN TÉMOIGNE LE FAIT QUE CE SEUL TERME CONSTITUE UNE VULGARISATION.

Je t'aime !
FOUUUH
Épouse-moi, Sica !
SMACK
HU HU
JE SUIS SÛR QUE TU AS ENCORE FAIT DES RAVAGES !
TOUT VA BIEN, KRIS ?
Père...
KYAAA ! J'Y CROIS PAS, IL M'A SOURI !!
BOING BOING

DONG
DONG
DONG
Lors de leur troisième et dernière année de formation au Rempart, les apprentis chevaliers deviennent des "*Presqu'Égides*" et entrent dans la "*Phase de Probation*"...
Au cours de celle-ci, ils doivent accomplir diverses missions de sauvetage afin d'obtenir des "*Preuves d'Honneur*". Leur grade d'Égide sera défini en fonction du nombre de Preuves accumulées tout au long de cette période.
WOOOW
HOURA !
HOURA !
WOOOW

DZ
DZ
DZ
DZ
SHH
SHH
DANG
HOURA !
HOURA !
WOW
WOW

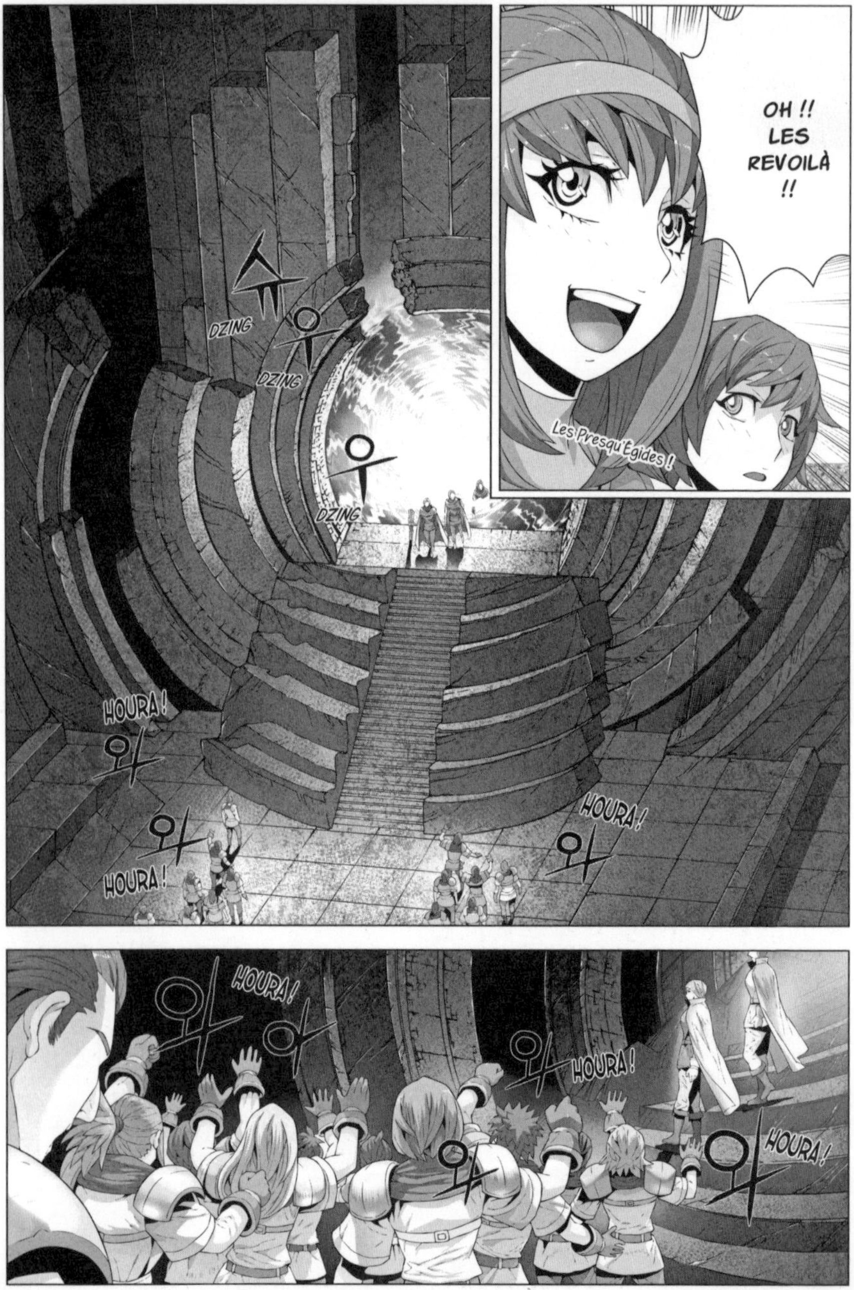
DZING
DZING
DZING
OH !! LES REVOILÀ !!
Les Presqu'Égides !
HOURA !
HOURA !
HOURA !
HOURA !
HOURA !
HOURA !

N'INSISTE PAS, WILDA ! TU FAIS PAS LE POIDS !
척
CHAC
방긋
HI HI
FARA !
TU M'CHER-CHES, LA GUEUSE ?!
버럭
RAHHH
살랑
BYE BYE
QUOI, T'AS PAS ENCORE EU TA DOSE DE RACLÉES POUR LA JOURNÉE ?!
끄응
ARGH
우우우웅
WOOONG
La cloche !

TA
J'AI PAS DIT MON DERNIER MOT, PAYSAN !!
TAP
TONK
ZAASH
Même si je n'ai pas d'implant, on dirait que je suis capable de prévoir un bref instant du futur quand je suis en position de faiblesse...
C'EST PAS VRAI !!
SBOM
TOP
CHAC

IL VIENT TOUT JUSTE D'INTÉGRER LA PROMOTION DES PREMIÈRE ANNÉE ET IL FAIT DÉJÀ PREUVE D'UNE BELLE ASSURANCE...
CE N'EST PAS SI SURPRENANT, QUAND ON SAIT DE QUI IL EST LE FILS...
RAHH
RAHH
MALGRÉ TOUT, IL NE SEMBLAIT PAS INTÉRESSÉ PAR LA VOIE DU CHEVALIER ET VOULAIT DEVENIR UN SIMPLE FORGERON.
APPAREMMENT, MÊME TON FRÈRE, ALMACE, NE POUVAIT RIEN CHANGER AUX AMBITIONS DU GARÇON ! ET POURTANT, AU FINAL, LE DESTIN L'A CONDUIT À PRENDRE LES ARMES PLUTÔT QUE LES CONCEVOIR...
HMM...
HWIT

HEIN...?!
SHH
SHH
SHH
SHPAK
ZA
ZAP
VA PAS CROIRE QUE J'VAIS M'AVOUER VAINCUE POUR SI PEU !!
VISH
VISH
GNNN
POK

CHTONK
HYAHHH
TAP
PAF

SHH
SHH
SHH
FWWT
FWWT
FWWT
HWIT
TCHAC
TCHAC
HWIT
T'ES FAIT COMME UN RAT ! NIARK ! NIARK !
ZASH
ZZT
TAP

WOUCH
VOUSH
HWIT
TA
TAP
TONK
STT
STT
STT

WAAA
YAA
RAAHH
YAP
YAP
TONC
TONC
ZA
ARRÊTE DE RÊVASSER ET METS-TOI EN GARDE, PAYSAN !!
ZAP
YAHH
AHH

DÉTROMPE-TOI, C'EST TOUT LE CONTRAIRE…
BLA
BLA
TU VEUX PARLER DE CEUX QUI SE SONT PORTÉS VOLONTAIRES ?
CONTINUE À LES FAIRE RAGER DANS LEUR COIN, ÇA LEUR FERA LES PIEDS, TIENS !
OH, C'EST PAS GRAND-CHOSE, VOUS SAVEZ…
PEUH !
MAIS MAINTENANT QUE T'ES LÀ, ILS SE TIENNENT À CARREAU !
HA HA
OUAIS ! TU PEUX PAS SAVOIR À QUEL POINT ÇA NOUS SOULAGE !
AVANT TON ARRIVÉE, ILS NOUS NARGUAIENT SANS ARRÊT, MOI ET BRANTA… C'ÉTAIT INVIVABLE…

FLIP FLIP
WOW
TSS, ÉVIDEMMENT ! LE VENT A ÉTÉ EN SA FAVEUR, C'EST TOUT !
ARGH
PFF ! C'EST QU'UN COUP DE BOL, RIEN QU'UN COUP DE BOL !
NON SEULEMENT T'ES LE SEUL À AVOIR ATTEINT TA CIBLE, MAIS EN PLUS, T'AS TAPÉ EN PLEIN DANS LE MILLE ! COMMENT T'AS FAIT ÇA ?!
WOW ! INCROYABLE ! QUELLE PRÉCISION !!
ZZT

PSH
PSH
PSH
SHH
SHH
SHH
SHH
FWIIII
FWIIII
FWIIII
SHH
SHTAK

CRIIIIIIIII
SCRITCH
NE TE PRESSE PAS. INSPIRE ET EXPIRE LENTEMENT. PRENDS LE TEMPS D'AIGUISER TA PERCEPTION.
HOUP
STIP
BONG

POSSIBLE, MAIS ÇA RESTE UN PARI RISQUÉ. POUR UNE EFFICACITÉ GARANTIE, MIEUX VAUT VISER UNE DE SES CUISSES, ÇA LUI FERA PERDRE DU SANG ET RALENTIRA SA FUITE !
ZZT
PFF
WIP
ATTENDS, P'PA… T'ES EN TRAIN D'ME DIRE QU'ON VA LE LAISSER S'ENFUIR ?!
WIP
WIP
TU SAIS, PILIN, PARFOIS IL VAUT MIEUX ENVISAGER D'AFFAIBLIR SA PROIE PLUTÔT QUE DE L'ABATTRE DU PREMIER COUP…
C'est ce qu'elle avait l'habitude de dire…
…?

ZZT
CRRIII
CRRIIIIK
NE TE PRÉCIPITE PAS, PILIN. AVANT DE TIRER, TU DOIS SAVOIR EXACTEMENT CE QUE TU VEUX TOUCHER.
J'POURRAIS TIRER ASSEZ FORT POUR TRANSPERCER SA POITRINE, PUIS SON CŒUR ? HÉ, HÉ !
HWIT

ZAZAP
Lightwood
Cinq ans auparavant
CES TRACES SONT ENCORE FRAÎCHES... IL NE DOIT PAS ÊTRE LOIN.

JE VEUX VOIR VOTRE COUDE À HAUTEUR DU MENTON DE TELLE SORTE QUE VOTRE AVANT-BRAS SOIT PERPENDICULAIRE À VOTRE TORSE ! IL N'Y A QU'AVEC UNE POSTURE AUSSI SOIGNÉE QUE VOTRE TIR SERA NET ET DROIT !
HOUP
TA
DAN

TA
DAN
화
HIII
악
HIII
HEIN ?!
À UNE TELLE DISTANCE, T'ES LA SEULE À POUVOIR ATTEINDRE LA CIBLE, PHARETRA...
CRRIII
ARRÊTEZ DE BAVASSER ET METTEZ-VOUS EN POSITION !!

TCHAK
QUOI, PARCE QUE VOUS CROYEZ QU'ELLES VONT RESTER SOUS VOTRE NEZ PENDANT TOUTE LA FORMATION ?! LEVEZ UN PEU LES YEUX !
MONSIEUR, SAUF VOTRE RESPECT, ON VA VISER QUOI SI Y A PAS DE CIBLES ?
TAP

École de l'Acuité
Dix jours après la Moisson Nocturne
웅성 BLA
웅성 BLA
BONJOUR À TOUS. J'ESPÈRE QUE VOUS AVEZ BIEN DORMI.
MAINTENANT, PLACEZ-VOUS À LA LIGNE DE TIR !!

Chapitre 6
L'Énergie

ZEPHYR
ÂGE : ?
TAILLE : 182 CM
POIDS : 78 KG
STATUT : EMPEREUR DE CALDRON
ET MAÎTRE DE L'ADORATION

PSHHH
BADAM
Tu as bien fait de l'amener ici, Alkonost.
POK
TAP
TAP
TAP
Prends le temps de le former et il deviendra l'un des nôtres.
À vos ordres, Seigneur Zephyr !

BRRR
SBOM
Ton Âme est en pleine ébullition...
C'EST TE VOIR CREVER QUI VA M'EXALTER, BÂTARD !!
Mais tu dois apprendre à la maî-triser, ou jamais tu ne sauras t'exalter...
TAP TAP
GNNN

SHH
SHH
SHH
C'est risqué, mais je dois intervenir...
TOC
Ça suffit, Leiurus.
ZZT
GNNN

OH
FWW
OH
OH
FWW
FWW
LÂCHE-MOI,
MONSTRE !!!

SHH
SHH
SHH
CHOP
CHOP
RAAAAA
AAAAH

TCHAC
FRR
J'VAIS VOUS FAIRE LA PEAU, BANDE D'ORDURES..
FRR
CRR
CRR
CRR
DANG

BOING
BOING
ZWIG
ZWIG
VOUS NE CROYEZ QUAND MÊME PAS QUE C'EST ÇA QUI VA M'ARRÊTER ?
FRR
FRR
FRR

Reste à ta place !!
SHH
SHH
SHH
TA
CRÈVE !!
TAP
POUTCH
POUTCH
TA
DAN
HEIN ?!
PSH
PSH

SHH
SHH
SHH
RHAAA-
AAAA !!!
FRR
FRR

스르륵
SRRR
SRRR
두근
BOBOM
두근
BOBOM
SCRIC
BOUM
SPLASH
TAP

PA
PAK
AHH
AHH
ARGHH
ARGH !!!
HIN HIN HIN
PSHH
PSHH
PSHH

FRR
FRR
FRR
KRAHH
KRAHH
SHH
SHH
SHH
Illustres Flammes qui éclairent nos nuits... Veuillez pardonner ce trouble... C'est ce garçon, il est hors de contrô-
TAP
TOC TOC
SHPAK

CRING
CRING
Sanctifico Sanguis, Darom, mon Frère...
CRING
CRING
CRING
WOO
WOO
WOO
WOO
퐁
PLOUF
퐁
PLOUF
퐁
PLOUF

Ô Tiphereth, notre père bien-aimé, Dieu de l'Âme et créateur de l'Astre Solaire...
BA
BA
BOUM
FLIP
FLIP
BLOP
BLOP
Accordez-nous votre Feu, accordez-nous votre Sang...
FRRR
FRRR
FRRR
Afin que la Rose des Vents étincelle à nouveau de mille feux !!!
ZA
ZAP

KRR
KRR
KRR
En avance sur ses frères, le Vent de l'Ouest gronde, ainsi en appelle-t-il à vous...
FLOUP
FLOUP
FLIP
Peu importe, tant que le règne de l'Âme se concrétise...
FLIP
...
Dire que nous avons perdu deux des nôtres lors de cette Moisson...
Zabius avait beau être un imbécile, je tuerai son assassin !

Empire de Caldron
Mont Darom
KRR
KRR
KRR
KRR

NE TE MÉPRENDS PAS, HATAL...
SHH
SHH
SHH
V-VOUS LISEZ EN MOI COMME DANS UN LIVRE OUVERT...
LA PLUS PROFONDE INTIMITÉ D'UNE ÂME NE SAURAIT ÊTRE RÉELLEMENT PERCÉE À JOUR.

Oui.
TU DOIS SÛREMENT TE DEMANDER POURQUOI JE ME TROUVE ICI AU BEAU MILIEU DE LA NUIT ?
CE JARDIN APPARTENAIT À L'UN DES FONDATEURS DE LA GUILDE… JADIS, IL FUT LAISSÉ POUR MORT DANS D'OBSCURES CIRCONSTANCES, MAIS JE SAIS QU'IL EST EN VIE, QUELQUE PART… AINSI ME SUIS-JE PERSUADÉ D'ENTRETENIR SON JARDIN AU CAS OÙ IL REVIENDRAIT UN JOUR…
JE PERÇOIS EN TON ÂME TANT DE SENTIMENTS ENTREMÊLÉS… LA PEUR, LA TRISTESSE, LA COLÈRE… LE REGRET.
BOBOM
BOBOM
MAÎTRE, QU'EST-CE QUI VOUS REND SI SÛR QU'IL EST EN VIE ?

Quelle sérénité dans son regard...
MAÎTRE, COMMENT AVEZ-VOUS COMPRIS QUE JE VENAIS ICI POUR ME RECUEILLIR ?
CE N'EST GUÈRE DIFFICILE... CE JARDIN EST UN HAVRE DE PAIX, APRÈS TOUT.

Maître Kaldur ?
Que fait-il dans
la serre aussi
tardivement ?
SHH
SHH
SHH
CRAC
CRAC
HWIT
VEUX-TU BIEN
ME PARDONNER,
HATAL ?
V-VOUS
PARDONNER...?
N-NON, C'EST
MOI QUI...
EXCUSEZ-MOI...
JE NE VOULAIS PAS
VOUS DÉRANGER...
NON, JE T'EN
PRIE. C'EST MOI
QUI DÉRANGE TON
RECUEILLEMENT.

스
SHH
라
SHH
락
SHH
HM ? L'AIR EST PLUS FRAIS, ICI...

끼이
CRIIII 이익
착 TAP
탁 TAP

SHLAC
SHLAC
PLOUF
PLOUF
TAP
TAP
HAN
하아
HAN
하아
JE NE DOIS PAS ME LAISSER SUBMERGER PAR MES ÉMOTIONS...
TCHAC

PAPA !! MAMAN !!

Guilde de l'Arcane
ZASH
ZASH
WOOSH

HMMM
FLASH
FLASH
FOA… TU ES RÉVEILLÉ…
ZZZT
…se livrent l'une à l'autre au cœur du Foyer, alors, elles peuvent guérir…
TA
… même du plus récent et du plus déchirant de tous les deuils.
La source du bonheur devient limpide lorsque l'Âme en subit la perte.
Mais lorsque deux Âmes ayant perdu la même source de bonheur…
TAP
FARA…

RASSURE-MOI... JE NE SUIS PAS AUSSI ODIEUSE QUE ÇA, HEIN, FOA ?
FLUSH

FLUSHHH
FRR
FRR
BLOUP
BLOUP
TAP
TAP

N-NON, BIEN SÛR QUE NON, JE...
TU AS FUI COMME UN LÂCHE, C'EST ÇA ?!
TU AS PRIVILÉGIÉ TA SURVIE AU DÉTRIMENT DE LA LEUR !!
우 WOO
우 WOO
우 WOO
ALLEZ, AVOUE-LE !! AVOUE QUE TU AS TRAHI CEUX QUI T'AIMAIENT !!
화 FRR
악 FRR
JAMAIS !!!

FOA !! POURQUOI TU ES VIVANT ET PAS EUX ?!
RAHH
RAHH
RAHH
J-JE SUIS DÉSOLÉ... J'AI ÉTÉ TROP FAIBLE... JE N'AI PAS PU LES SAUVER...
AHH
SBOM
GAL
GAL
GAL

Tu nous as abandonnés...
WOO
WOO
Tu ne nous as pas sauvés...
Tu nous as laissé mourir...
WOO
SHH
SHH
SHH
WOO
WOO
WOO
FARA ?!

C'EST PAS POSSIBLE...
털썩
SBOM
주르륵
PSHHH
흑
SNIF
흑
SNIF
RECTEUR, DITES-MOI QUE C'EST UN SIMPLE CAUCHEMAR...

?!
FRRRR
FLIP
FLIP
D-DU SANG..?
FRR
FRR
HWIT
FRR
FRR
FRR
NON !!! POURQUOI ?!! QU'EST-CE QU'IL SE PASSE ?!!

LA SOURCE DU BONHEUR EST BIEN SOUVENT OPAQUE. MAIS IL Y A QUELQUE CHOSE QUI, DANS TOUS LES CAS, LA REND LIMPIDE...
SHH
SHH
SHH
SHH

PAPA !!
MAMAN !!
FAROLA !!
FAVILLA !!
화
TAP
악
TAP

CET ENDROIT... C'EST MON VILLAGE, LIGHTYARD...
NOUS SOMMES DANS LE FOYER DE L'ÂME DE FOA, OÙ PREND FORME LA SOURCE DE SON BONHEUR.
SON FOYER DE L'ÂME ? ALORS LIGHTYARD REPRÉ-SENTE LE BONHEUR DE FOA ?

TAP
BIEN... DANS CE CAS, PRENDS MA MAIN.
ZZT
SHH
SHH
SHH

ZZT
GNN...
HAF
HAF
BOBOM
BOBOM
ES-TU PRÊTE À SUPPORTER LE POIDS DE SON FARDEAU, FARA ?
O-Oui...

JE SUPPOSE QUE LE MOMENT EST VENU... VIENS AVEC MOI.
ZA
ZAP
UN LOURD FARDEAU ? QU'EST-CE QUE VOUS VOULEZ DIRE PAR LÀ ?
ZZT
TAP TAP

ALORS POURQUOI EST-CE QU'IL SE RETROUVE ICI, ET SURTOUT DANS UN ÉTAT AUSSI CRITIQUE ?!
FOA RÊVE DE DEVENIR UN GRAND FORGERON, COMME MON PÈRE !!
턱
TAP
FARA... DANS CE CAS PRÉCIS, TU DOIS SAVOIR QUE LA VÉRITÉ IMPLIQUE UN LOURD FARDEAU.

BADAM
Quartiers du Recteur
와렌 교육대장
RECTEUR WARREN, JE VEUX SAVOIR CE QU'IL SE PASSE !!
Foa...
NON, NE DITES PAS ÇA !! JAMAIS JE NE VOUS AURAIS ABANDONNÉS !!

Mais qu'est-ce qu'il t'arrive, Foa ? Pourquoi tu es dans un tel état ?
BRR
NOUS N'EN AVONS PRESQUE PLUS !!
TAP TAP
Je ne peux pas supporter de le voir comme ça... Je dois absolument en savoir plus...
HWIT

Rempart du Salut
Deux jours après la Moisson Nocturne
IL FAIT UNE RECHUTE ! IL FAUT LUI REDONNER DE L'ACCALMIE !
AHH
AHH
HAF
HAF

NON, JE VOUS EN SUPPLIE, ARRÊTEZ, NE ME DITES PAS TOUTES CES HOR-REURS !!
JAMAIS JE N'AURAIS PU FAIRE UNE CHOSE PAREILLE !!
SHH
SHH
SHH
SHH

Tu ne nous as pas sauvés !
Tu nous as abandonnés...
Tu nous as laissé mourir...
Tu nous as abandonnés !
Tu nous as laissé mourir !
C'est toi qui aurais dû souffrir...
C'est toi qui aurais dû mourir...
우 WOO
우 WOO
우

TAK
WOO
WOO
WOO
BAM
AOUCH !!
Tu ne nous as pas sauvés...
WOOOO
PAF

SSS
SSS
HWIT
C'EST PAS POSSIBLE ! QU'EST-CE QUI VOUS EST ARRIVÉ, À TOUS ?!
벌떡
EUH...
벌떡
EUH...
EUH...
WOUUUUUU

AÏEU...
쿵
BAM
?!
물컹
SCRII
QU'EST-CE QUE...?!

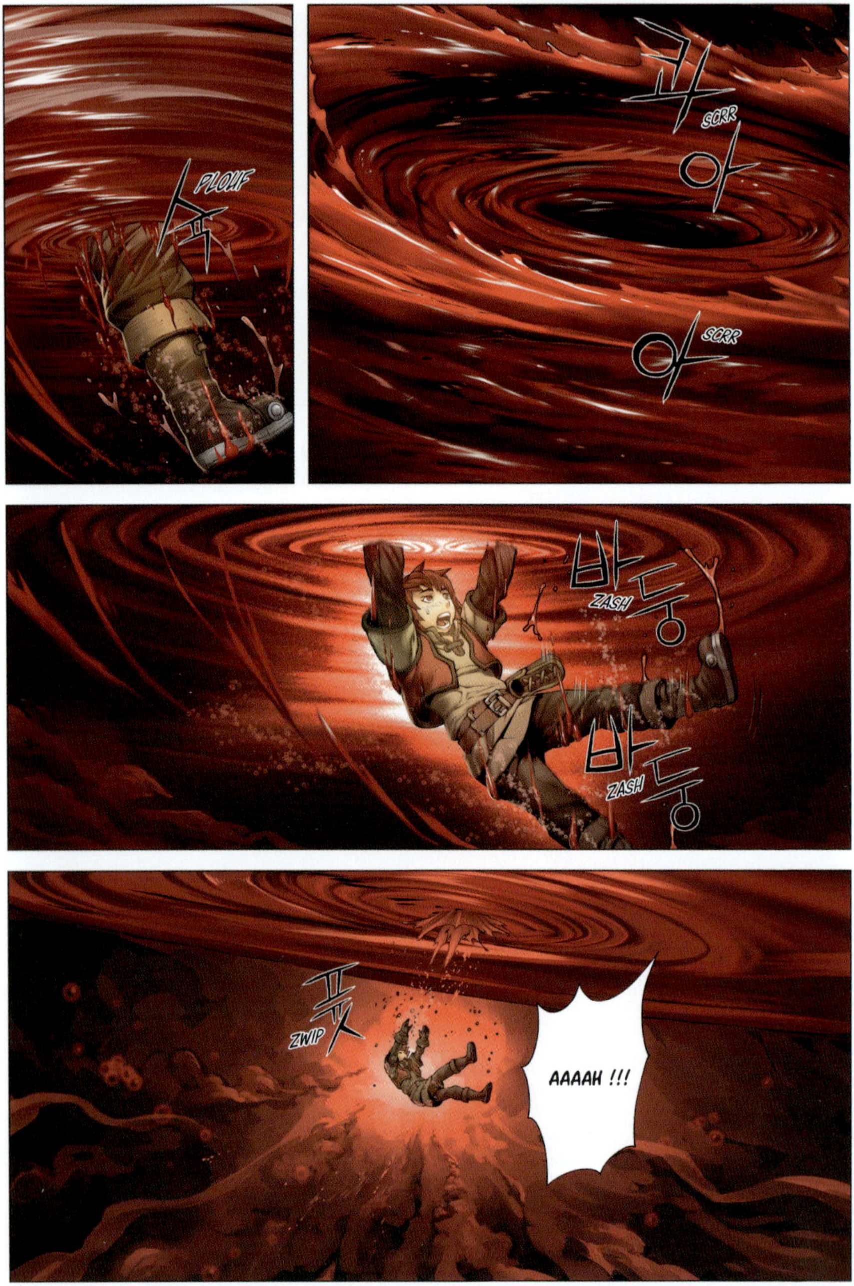
슉
PLOUF
콰
SCRR
아
아
SCRR
바둥
ZASH
바둥
ZASH
퓻
ZWIP
AAAAH !!!

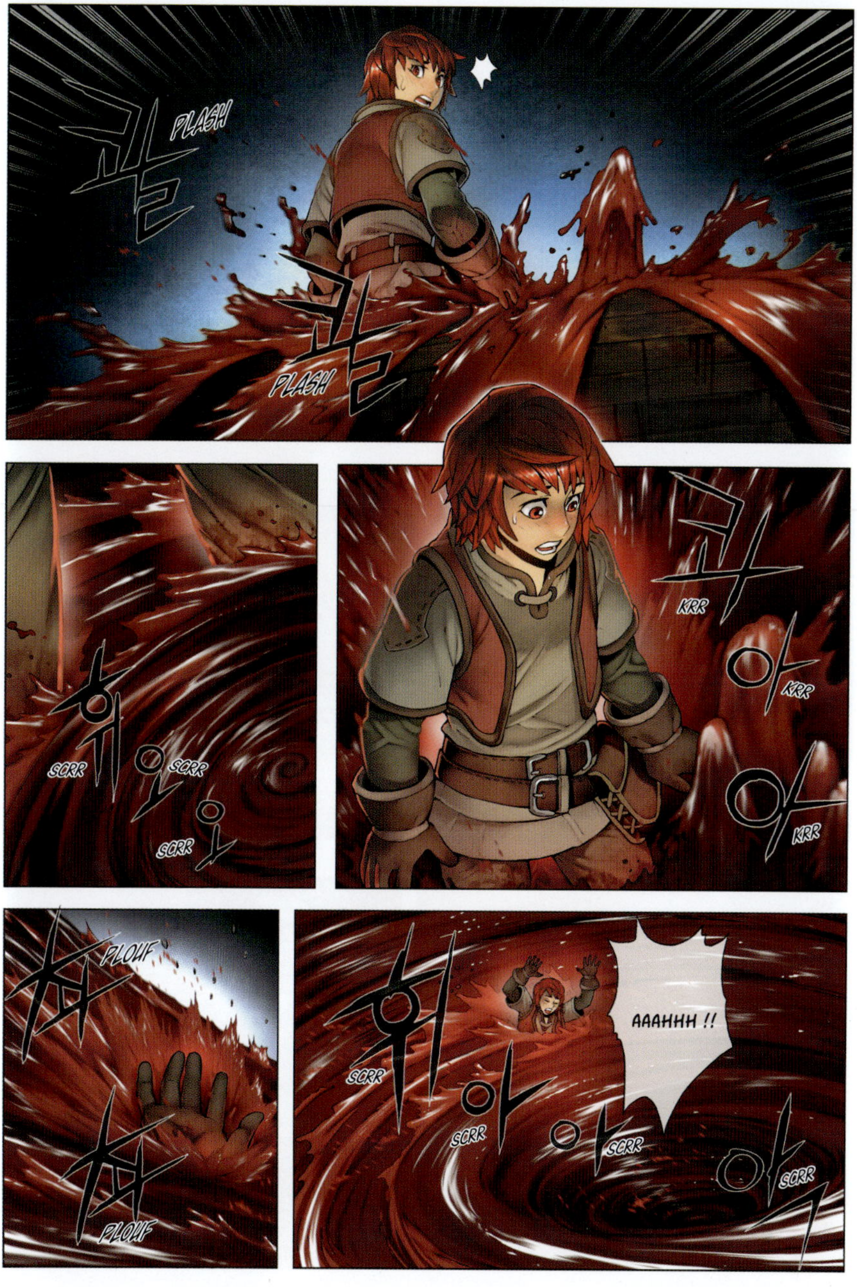

콸
PLASH
콸
PLASH
쿠
KRR
아
KRR
아
KRR
휘
SCRR
이
SCRR
잉
SCRR
쳐
PLOUF
쳐
PLOUF
AAAHHH !!
휘
SCRR
아
SCRR
아
SCRR
악
SCRR

쏴아 아
SPLASH
철썩
SPLASH
철썩
SPLASH
BLOP
BLOP
BLOP
PLOUF
PLOUF
PLOUF

슈
SHH
우
SHH
우
SHH
파
FLUSH
아
FLUSH
아
FLUSH
휙
HWIT
?!
타
TAP
닥
TAP

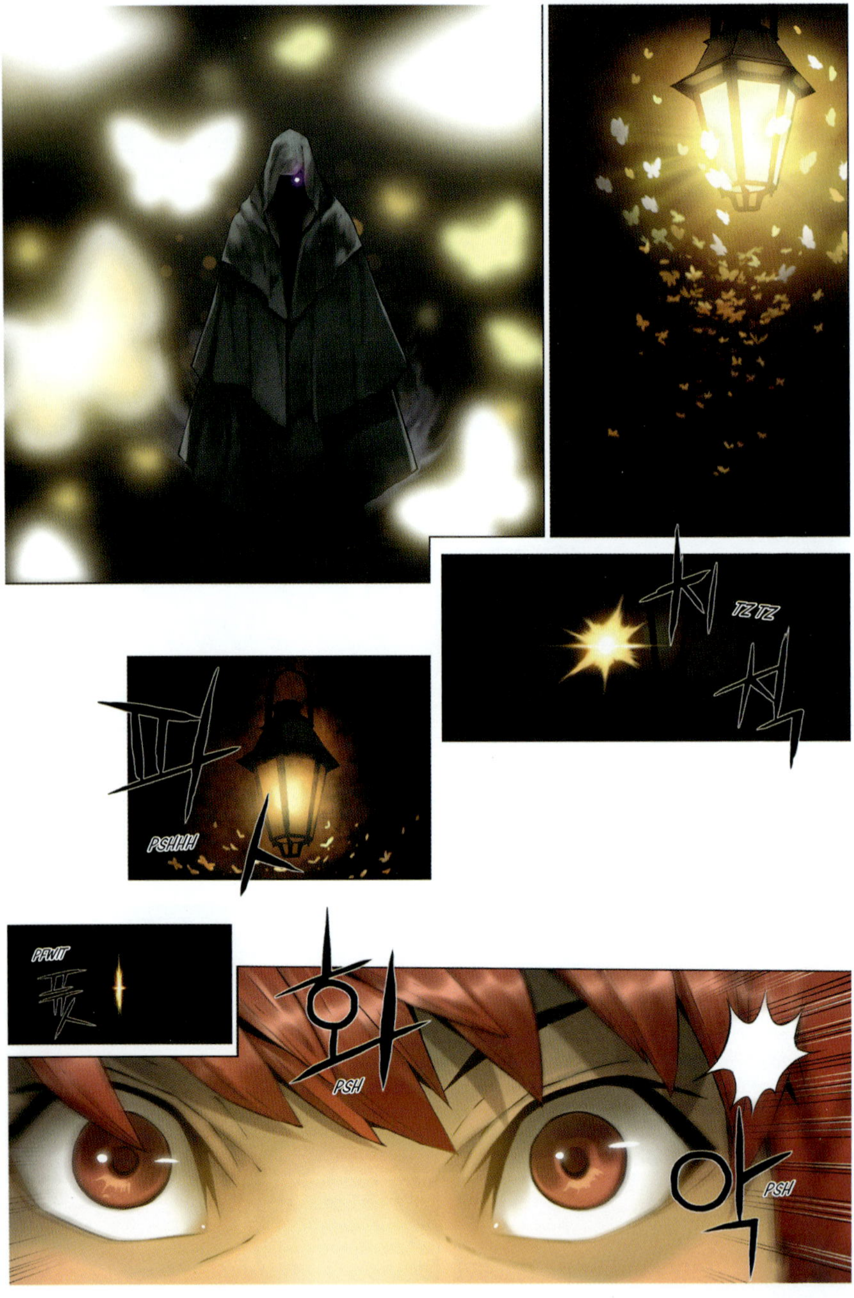
치칙
TZ TZ
파스
PSHHH
퓻
PFWIT
화악
PSH
PSH

저벅
TAP
저벅
TAP
저벅
TAP

Chapitre 5
Le Foyer de l'Âme

Le Réveil du Passé

Présentation des personnages

REMPART DU SALUT

FOA HEARTWOOD

[Fils de Kalina et Roble ; Cousin de Raust ; Disciple de Darbin]
Apprenti forgeron de Lightyard, le candide Foa voit son existence bouleversée par la Moisson nocturne que subit son village. Après quoi, Alkonost le dépose au Rempart du Salut, l'école des Égides.

KALINA HEARTWOOD

[Mère de Foa ; Épouse de Roble ; Tante de Raust]
Égide de capitale, la grande chevaleresse Kalina intervient à l'issue de la Moisson nocturne.

ADORATION

RAUST HEARTWOOD

[Neveu de Roble et Kalina ; Cousin de Foa]
Chasseur de Lightyard, le fougueux Raust est l'un des rescapés de la Moisson nocturne. Alkonost compte l'aider à développer ses pouvoirs en l'emmenant au repaire des Faucheurs.

ALKONOST

Faux de l'Adoration, Alkonost participe à la Moisson nocturne. À priori infiltrée parmi les Faucheurs, elle oriente Foa, Raust, Pilin et Hatal vers diverses institutions.

FENRIR ET ZABIUS

Faux de l'Adoration, Fenrir et Zabius participent à la Moisson nocturne avant d'être tués par Foa alors plongé dans une mystérieuse transe.

GUILDE DE L'ARCANE

HATAL

[Pupille de Mulika]
Chasseur de Lightyard, le flegmatique Hatal est l'un des rescapés de la Moisson nocturne. Sur les directives d'Alkonost, il se rend à la Guilde de l'Arcane pour être initié à certains mystères.

ÉCOLE DE L'ACUITÉ

PILIN

[Fils de Bracon]
Chasseur de Lightyard, le désinvolte Pilin est l'un des rescapés de la Moisson nocturne. Sur les directives d'Alkonost, il se rend à l'École de l'Acuité pour se perfectionner au tir à l'arc.

LIGHTYARD

ALMACE

Égide de Lightyard, Almace défend bravement le village avant d'être tué par les Faux lors de la Moisson nocturne.

ROBLE HEARTWOOD

[Père de Foa, oncle de Raust, époux de Kalina]
Chasseur de Lightyard, Roble compte parmi les victimes de la Moisson nocturne.

BRACON

[Père de Pilin]
Chasseur de Lightyard, Bracon compte parmi les victimes de la Moisson nocturne.

MULIKA

[Tutrice d'Hatal]
Doctoresse de Lightyard, Mulika compte parmi les victimes de la Moisson nocturne.

FILTA AKMON

[Mère de Fara, Farola, Favilla ; Épouse de Darbin]
Couturière de Lightyard, Filta compte parmi les victimes de la Moisson nocturne.

DARBIN AKMON

[Père de Fara, Farola, Favilla ; Époux de Filta ; Mentor de Foa]
Forgeron de Lightyard et de Baradfort, Darbin compte parmi les victimes de la Moisson nocturne.

Résumé du premier tome

Depuis près d'un siècle, les *Faucheurs de l'Adoration* apparaissent au coucher du soleil qui précède chaque pleine lune pour perpétrer une **Moisson Sanglante**, l'extermination de tous les habitants d'une ville ou d'un village ciblé au hasard. À la nuit tombée, les *Ramasseurs de la Profanation* apparaissent à leur tour pour s'emparer des cadavres de toutes les victimes, sans que nul n'en connaisse la raison. Alors que le peuple de Soteria est plongé dans ce climat de terreur, le *Rempart du Salut* a été fondé pour faire face à ces tueries de masse : chacun des chevaliers qui y est formé, *les Égides*, est affecté à la protection d'une ville ou d'un village.

Foa, jeune forgeron du village de Lightyard, aspire à créer des lames de grande qualité afin que les Égides puissent protéger au mieux le peuple contre les Faucheurs. Bien que sans arrêt raillé par son cousin **Raust**, qui pratique la chasse avec ses amis **Pilin** et **Hatal**, Foa n'en démord pas et compte bien aller jusqu'au bout de ses ambitions.

Malheureusement, un jour, son village est menacé par une Moisson, et pas n'importe laquelle, puisque c'est la toute première qui a lieu à la nuit tombée. **Almace**, l'Égide du village, honore son serment de chevalier et vient à bout du trio de *Faucilles* (Faucheurs inférieurs), qui s'attaque à Lightyard. Mais Almace se voit alors confronté à plus fort que lui lorsqu'un trio de *Faux* (Faucheurs supérieurs), succède aux Faucilles. Après avoir tué Almace, rien ne peut plus alors arrêter les Faucheurs qui massacrent tous les habitants de Lightyard, femmes et enfants inclus.

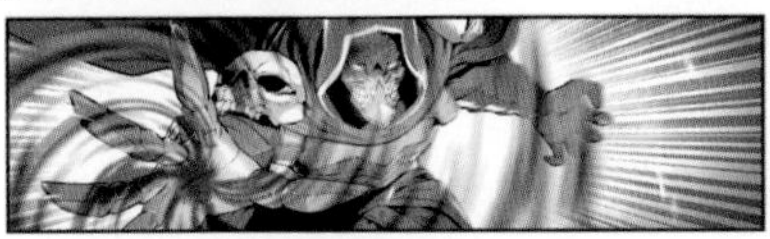

Foa, Raust, Pilin et Hatal survivent au chaos meurtrier grâce à l'intervention de l'illustre Égide **Kalina**, la mère de Foa, ainsi qu'à l'aide inattendue de l'une des trois Faux, l'énigmatique **Alkonost**, prétendument infiltrée parmi les Faucheurs. Cette dernière oriente chacun des quatre garçons vers une institution correspondant à son profil : Foa se retrouve au Rempart du Salut, Raust au repaire de l'Adoration, Pilin à l'École de l'Acuité, et Hatal à la Guilde de l'Arcane.

Arriveront-ils à surmonter leur sombre destin ? Parviendront-ils à se venger ?
Quoi qu'il en soit, ils n'ont certainement pas encore conscience que les lieux où ils se trouvent vont soulever le voile sur bien des secrets...

EGREGOR
Le Souffle de la Foi
2